KB007002

심리학으로 말하다

신뢰

심리학으로 말하다
신뢰

초판 1쇄 발행 | 2020년 11월 30일

지은이 | 켄 J. 로텐버그
옮긴이 | 권현민
펴낸이 | 조승식
펴낸곳 | 돌배나무
공급처 | 북스힐
등록 | 제2019-000003호
주소 | 01043 서울시 강북구 한천로 153길 17
전화 | 02-994-0071
팩스 | 02-994-0073
홈페이지 | www.bookshill.com
이메일 | bookshill@bookshill.com

ISBN 979-11-90855-02-0
      979-11-90855-00-6 (세트)
정가 13,500원

• 이 도서는 돌배나무에서 출판된 책으로 북스힐에서 공급합니다.
• 잘못된 책은 구입하신 서점에서 교환해 드립니다.

신뢰

Ken J. Rotenberg | 권현민 옮김

켄 J. 로텐버그 Ken J. Rotenberg는 영국 킬 대학University of Keele의 심리학 교수이다. 아동기와 청소년기의 신뢰에 특별한 관심을 가지고 40년 이상 활발한 연구 활동을 펼쳐오고 있다.

권현민은 이화여자대학교 통·번역대학원에서 한영번역학을 전공하였고 한국문학번역원의 번역아카데미에서 공부했다. 옮긴 책으로는『플립잇』(2010), 『웨이 백』(2010)이 있다.

01

신뢰의 위기? 혹은 모든 이론의 기초

전 세계적으로 여러 학계의 저자들은 신뢰가 사회의 기반이자 사회 존속의 필수 요소라는 입장을 취해 왔다. 이러한 견해는 철학(오하라O'Hara, 2004), 정치 과학(우슬라너Usladner, 2002), 사회학(미슈탈Misztal, 1996), 심리학(로텐버그Rotenberg, 2010; 로터Rotter, 1980) 분야에서 지지를 받고 있다. 또한 서로 다른 문화에 속한 개인 간의 신뢰(문화 간 신뢰)는 다문화 사회가 살아남는 데 반드시 필요한 요소로 여겨져 왔다(미슈탈, 1996; 우슬라너, 2002). 일단 신뢰의 중요성을 인식하면 현대 사회에서 점차 커져 가는 신뢰 부족으로 인한 위험이

확연하게 눈에 들어온다.

많은 저자들이 현대 사회에서 신뢰가 위기에 처해 있다고 입을 모아 말한다. 리처드 에델만Richard Edelman(2015)은 자신이 개발한 신뢰도 지표를 활용한 조사 결과를 바탕으로 "2000년대 초반 전 세계적 경제 대불황 이후, 처음으로 조사 대상 국가의 절반이 '불신 국가' 범주에 속했다."고 말했다. 에델만은 이러한 결과가 나타난 이유를 "난민 문제, 정보 유출 사건, 중국 증시 폭락, 서아프리카 에볼라 유행, 러시아의 우크라이나 군사 개입, FIFA 뇌물 스캔들, 폭스바겐 배출 가스 조작, 브라질 페트로브라스의 역대 최대 부패 스캔들, 대형 금융사의 환율 조작 같은 사건에 대해 주요 기관이 해결책이나 리더십을 보여 주지 못한 것"에서 찾았다. 공영 매체에 따르면, 영국은 "기관에 대한 신뢰를 크게 잃었다. 모든 정치인에 대한 신뢰도 역시 사상 최저치를 기록하고 있다(슬랙Slack, 2016)." 또 다른 설문 조사도 미국인의 신뢰도 역시 지난 10년 동안 점차 감소하고 있다고 보고했다(지줌보-콜룽아Zizumbo-Colunga, 체히마이스터Zechmeister, 젤리크조Seligso, 2010). 학술 연구 역시 신뢰의 '위기'에서 안전하지 않다. 학술지에 실린 상당수 논문의 연구 결과가 부정확하고 편향되어 있다고 보도된 바 있다(왈리아Walia 참고, 2015).

일반 여론을 가늠하는 유명 토론회의 설문 조사를 보면 신뢰가 위기에 봉착했다는 생각이 더욱 확실해진다. 이러한 조사 결과를 전적으로 믿을 수는 없겠지만, 이 결과가 신뢰에 대한 대중의 우려(가령 신뢰에 대한 불안)를 확인하고, 신뢰와 관련한 여론을 형성하는 두 가지 기능을 수행한 것은 분명하다. 이 결과가 대중에 전달하는 메시지는 간단하다. '신뢰는 위기를 맞았고 하락하고 있다!' 이 조사 보고서에는 세계가 점차 부패하고 신뢰할 수 없게 변하고 있다는 메시지가 내포되어 있다. 관련 증거가 부족하기 때문에 이 결론이 맞거나 틀렸다고 단정 짓기는 어렵다. 인간 역사를 통틀어 신뢰성의 결여와 부패는 늘 존재해 왔다고 말하는 것이 나을지 모른다. (마키아벨리는 1400년대 후반에 이를 증명했다.) 분명한 것은 인간 역사상 그 어느 때보다 사람이 신뢰할 만하지 못하다는 사실을 보여 주는 정보를 얻기가 쉬워졌다는 점이다. 기술 발전과 소셜 미디어 덕분에 모든 행동이 수백만 명의 사람들에게 눈 깜짝할 사이에 전달되고 대중의 감시 아래에 놓인다. 이러한 변화로 인해 사람의 행동을 비판적으로 평가하고, 신뢰할 수 없는 행동을 감지하며, 특히 세간의 주목을 받는 사람들을 신뢰하지 못하겠다고 표현할 수 있는 기회가 매우 많아졌다.

신뢰의 '위기'를 강조하다 보면, 안타깝게도 일상적인 사회 교류와 사람들의 관계 형성 및 유지에 신뢰가 얼마나 중요한지를 놓치게 된다(로텐버그 참고, 2010). 나는 신뢰가 물리적 우주에 존재하는 암흑 물질과 비슷하다고 생각한다. 암흑 물질은 거대하지만 감지하기 어려운 물질로, 행성과 지구 물질을 묶어 주는 역할을 한다. 이와 마찬가지로 신뢰는 주변 어디에나 있지만 고요한 힘으로, 때로는 현대 사회에서 사람들을 연결하고 사회적 관계를 맺고 기능하게 한다. 신뢰 없이는 우리의 사회적 '우주'가 존재하지 못할 것이라는 점은 분명하다.

앞서 말한 내용이 거창한 주장처럼 들릴지도 모르지만, 곰곰이 생각해 보면 가장 간단한 사회적 행동조차도 신뢰와 관련이 있다는 의미이다. 며칠 전 대학 건물에 점심을 먹으러 간 적이 있다. 그곳에서 나는 미국식 길거리 음식과 탄산음료 한 병을 샀다. 쟁반이 없길래 일단 판매대에 음료수를 놓고 모퉁이를 돌아 테이블 한 곳에다 내가 산 음식을 가져다 놓았다. 음료수를 가지러 판매대로 돌아왔을 때 누군가 내 음료수를 가져간 것을 알았다. 근처에서 서성이던 목마른 신입생이 가져갔을지도 모른다. 그러나 누가 알겠는가. 그때 내 행동은 다른 사람이 내 음료수를 훔치지 않을 것이라는 믿음을 보여 준 것이었다. 애석하게도 이러한 믿음은 깨져 버렸다. 그런 일이 있었음에도, 나는 바로 다음 날 같은 건물에서 다시 음료수를 판매대에 놓은 채 그 자리를 잠시 떠났다. 자리를 뜨면서 내 옆에 줄 서 있던 학생 때문에 내 음료수를 주시하게 되었는데, 그때 나는 깨달았다. 나의 믿음이 되살아난 것이다. 물론 믿음이 다시 깨지지 않으려면 내 음료수를 꼭 회수할 수 있어야만 한다는 문제가 남아 있긴 하다. 중요한 사실은 신뢰와 관련된 사회적 행동이 하루에도 셀 수 없이 많이 일어난다는 것이다. 일단 신뢰를 적절하게 개념화하고 신뢰가 위기에 처했다는 생각을 제쳐 두면, 우리의 사회적 세계에 엄청나게 많은 신뢰가 존재한다는 사실을 알게 된다. 물론 신뢰 위기론으로 인해 신뢰에 대한 연구가 활발하게 이루어질 수는 있겠지만, 신뢰의 연구 가치를 높이기 위해 신뢰가 위기에 처했다는 주장을 할 필요는 없다. 그렇지만 처음에는 신뢰가 무엇인지에 관한 질문에서 시작하는 것이 좋을 것이다. 신뢰에 대한 사전적 정의부터 알아보자.

신뢰에 관한 일반적인 정의

———

'신뢰trust'라는 단어가 일상적인 대화에서 사용된 것은 중세 영어를 쓰던 13세기로 거슬러 올라간다. 이 단어는 스칸디나비아어에서 유래된 것으로 생각되는데, 고대 스칸디나비아어인 traust(trust)와 고대 영어인 tréowe(faithful) (메리엄-웹스터 사전)와 유사하다. 종교적 맥락에서 보면 '신뢰'라는 단어는 훨씬 더 과거로 거슬러 올라간다. 신에 대한 신뢰는 구약 성서와 신약 성서(베너Benner, 2004)는 물론 코란에도 나온다. 현대에 와서 이 단어가 종교적으로 사용된 예는 미국의 공식 표어이자 미국 화폐 대부분에 쓰여 있는 "우리는 하느님을 신뢰한다."라는 구절에서 볼 수 있다(11장 참고).

　은행이나 금융과 관련된 경우를 제외하고, 사전에서 '신뢰trust'는 "어떤 사람이나 사물이 믿을 수 있고 훌륭하고 유용하다는 믿음"(메리엄-웹스터 사전)이나 "어떤 사람이 훌륭하고 정직해서 다른 사람을 해치지 않을 것이라는 믿음, 혹은 어떤 사물이 안전하고 믿을 수 있다는 믿음"(캠브리지 영어 사전)으로 정의된다. 이 책에서는 대인 관계의 신뢰라는 범위 안에서도 '**특정인**'에 대한 신뢰를 중점적으로 다룰 것이다. 또한 자기 신뢰에 관한 연구는 실질적인 이유로 배제했으며, '대인 관계'라는 단어는 간결성을 위해 이 책에서 생략했다.

신뢰를 일반적으로 정의할 때 나타나는 요소들은 학문적으로 신뢰를 개념화하는 과정에서 꽤 정확하게 나타난다. 중요한 사실은 논문에서 개념화된 신뢰는 연구자가 채택한 이론, 체계, 모델, 접근법에 따라 상당한 차이를 보인다는 점이다. 바로 이 점 때문에 각기 다른 접근법을 취한 연구자가 서로의 개념을 공유할 때 문제가 발생한다. 이러한 차이로 인해 연구와 연구 결과가 학계에서 인정받고 발표될 수 있는지 여부를 결정하는 데 의견 차이가 나타나기도 한다. 지금부터 신뢰 연구에 활용되는 여러 가지 접근법에 대해 살펴볼 것이다.

신뢰 연구에 대한 접근법

————

신뢰는 발단 단계의 첫 단계

에릭슨Erikson(1963)의 심리 사회 발달 이론은 현대 심리학의 모체로 여겨진다. 이 이론은 심리학 개론과 발달 심리학 교재에서 가장 많이 인용되는 신뢰에 관한 설명 중 하나이다. 심리 사회적 이론에 따르면, 인간의 발달은 심리 사회 측면에서 연속되는 여덟 단계로 구성된다. 각 단계마다 갈등이 수반되고, 이러한 갈등은 심리적으로 건강하거나 건강하지 않은 방식으로 해결된다. 한 단계에서 갈등이 해결되면 이는 이어지는 다음 단계에서 갈등을 해결할 수 있는 능력에 영향을 미친다. 첫 번째 단계는 '신뢰 대 불신' 단계로, 출생부터 생후 18개월 사이에 나타난다. 에릭슨(1963)에 따르면, 이 시기의 신뢰는 영아가 자신이 소중하게 여겨지고 자신의 요구가 충족될 것이라는 확신을 경험하면서 생기는 감정이다. 영아가 양육자로부터 온정과 애정 어린 양육을 경험하면 기본 신뢰를 갖게 된다. 이와 반대로 영아가 충분한 온정을 받지 못하고 거부를 경험하면 기본 불신을 갖게 된다. 기본 신뢰를 가진 영아는 만족감을 지연하고 배변과 같은 신체적 기능을 조절할 수 있게 된다. 심리 사회 이론에 따르면 영아기의 신뢰라는 감정은 발달 과정 전반에 큰 영향을 미친다.

애착과 신뢰는 동의어가 될 수 있을까

애착 이론은 볼비Bowlby(1980)와 에인스워스Ainsworth를 비롯한 학자들(에인스워스, 1989)에 의해 제시되었다. 애착 이론에 따르면 영아는 양육자, 그중에서도 주로 엄마의 양육 태도와 민감성에 따라 다양한 애착의 질을 형성한다. 상호작용과 애착의 질을 바탕으로 아이는 양육자, 자신, 그리고 둘 사이의 관계를 나타내는 내적 작동 모델Internal Working Model을 만든다. 내적 작동 모델은 후에 심리 사회 기능에 영향을 미치는 인지 정서적 체계를 만든다.

애착 이론과 관련 연구에서 신뢰는 두 가지 방식으로 개념화되었다. 첫째, 신뢰는 영아가 양육자를 안전한 토대로 보는 것이며, 안전한 토대는 애착의 질을 결정하는 필수 요소이다(워터스Waters, 딘Deane, 1985). 둘째, 불안정한 애착을 보이는 아이와 달리 안정적 애착을 가진 아이가 발달시킨 내적 작동 모델에는 타인에 대한 신뢰감을 바탕으로 한 사회적 기대와, 타인의 행동이 갖는 의도에 대한 긍정적 생각이 포함된다(콘Cohn, 1990). 그러나 내가 생각하기에 애착 방식은 복잡하고 다차원적인 구성체이므로 신뢰를 애착과 동의어로 여기는 것은 오해를 불러일으킬 수 있다.

아이들이 생각하는 거짓말

피아제Piaget(1965)는 여러 행동 중에서도 거짓말에 대한 아동 스스로의 평가를 통해 도덕성의 발달 정도를 알 수 있다고 했다. 7세 이하의 어린아이는 도덕적 객관성을 보이기 때문에 소통의 의도는 고려하지 못한다고 피아제는 말했다. 어린아이는 실수로 인해 피해가 발생하면 그 실수도 거짓말이라 여기고 비난받아야 한다고 생각한다. 설사 그로 인한 결과가 애초에 의도한 바가 아니더라도 상황은 마찬가지이다. 이와는 달리, 좀 더 나이가 많은 아이들은 소통의 의도에 큰 비중을 두는 주관적 도덕성을 보이고, 다른 사람을 속이려는 의도를 가진 부정확한 소통을 거짓말이라 여긴다. 그러나 피아제의 이론과는 달리 현대 연구에서는 나이가 어린 아동들도 거짓말인지 아닌지를 결정할 때 의도를 고려한다고 보고한다. 그렇지만 이 연구가 강조하는 것은 아동이 진위 여부를 결정하는 데 의도를 고려하는 과정은 아동이 발달함에 따라 점차 복잡해진다는 점이다 (피터슨Peterson, 피터슨Peterson, 시토Seeto, 1983). 7세 이상 아동과 성인들은 거짓말이 사회관계를 가질 때 신뢰에 해가 된다고 생각한다.

신뢰는 어떻게 일반화되는가

———

줄리안 로터Julian Rotter는 신뢰에 관한 연구의 선구자 중 한 명이다. 나의 학문적 경력 대부분을 차지하게 된 신뢰에 관한 연구를 시작하게 된 것도 어느 정도는 로터 때문이다. 오래 전 로터는 내가 재학 중이던 워털루 대학의 심리학과에서 초대 강연을 한 적이 있다. 로터(1980)는 현대 사회의 여러 딜레마가 안고 있는 문제의 중심에는 신뢰가 있음을 간파하고 있었다. 사회 학습 이론에 근거한 로터의 견해에 따르면, 사람들은 부정적 혹은 긍정적 강화가 일어날 경험들을 겪으면서 이러한 행동에 대한 기대치를 형성하고 이 기대치를 모든 사회적 행위자에게 일반화한다. 그 결과, 사람들은 다른 사람이 말로 하거나 글로 쓴 진술을 얼마나 신뢰할 수 있는지에 대해 안정적이고 일반화된 기대치를 형성한다. 이렇게 일반화된 기대치는 사회적 행위자(부모, 교사, 또래 등)의 행동을 직접 학습하여 얻거나, 중요한 사람이나 신뢰할 수 있는 대화 상대가 타인에 대해 말로 한 진술을 통해 얻을 수도 있다.

폴 해리스가 선택한 신뢰에 대한 접근법

나는 이 접근법을 지식 획득 이론Knowledge Acquisition Theory이라 부른다. 폴 해리스Paul Harris(2007)는 아이들이 직접 경험하지 못한 다양한 추상적인 존재나 개념(종교, 과학적 증거, 역사)에 대한 지식과 믿음을 신뢰를 통해 얻는다고 주장했다. 아이들은 사회적 행위자가 제공한 정보에 의지해 지식과 믿음을 획득한다는 것이다. 폴 해리스는 아이들이 정보를 단순히 소비하는 것이 아니라 아주 어린 나이부터 정보의 타당성을 평가한다고 주장했다.

사회적 자본으로서의 신뢰

———

사회적 자본 접근법에 따르면, 신뢰는 사회 구성원들 사이에서 확립되거나, 개인들을 한데 묶고 상호 협조의 규범을 전파하는 사회 네트워크 안에서 만들어지는 특성이다. 협조를 통해 얻는 이득은 당사자뿐 아니라 주변 사람에까지 돌아간다(코졸리노Cozzolino, 2011). 사회적 자본은 다차원적 구성체로서 가족, 친구, 이웃, 사회의 시민, 국가, 기관과의 관계에 적용된다(로스틸라Rostila, 2010).

연인 사이에서 신뢰는 어떻게 나타날까

———

연인 사이의 신뢰에 대한 접근법에는 두 가지가 있다. 하젠Hazen과 쉐이버Shaver(1987)가 주장하는 애착 접근법에 따르

면, 성인이 연인과의 관계에서 경험하는 사랑은 영아기의
애착 형성 과정과 비슷하다. 연구자들은 영아기의 애착 유
형(안정, 회피, 불안과 양가)을 성인의 연인 간 애착 형태로 개
념화했다. 그 결과, 성인의 안정 애착, 회피 애착, 불안과 양
가 애착의 분포가 영아기에 가졌던 애착 유형과 비슷하게
나타났다. 연구자들은 조사 대상 성인의 과거 영아기에 대
한 조사를 바탕으로 영아기 애착의 질과 성인이 된 후 연
인 간 애착의 질 사이에 지속성이 있음을 알아냈다.

연인 간 신뢰 접근법과 관련해 렘펠Rempel, 홈스Holmes,
잔나Zanna(1985)는 성인의 연인 관계에서 다음과 같은 세
가지 유형의 신뢰를 발견했다. 그것은 예측 가능성(일관된
행동 대 일관되지 않은 행동), 의존 가능성(정직함과 공감 능력),
신뢰(미래에 어떤 일이 일어나더라도 즉각 관심을 보이고 배려하는
태도)이다. 렘펠 등(1985)의 연구에 따르면, 신뢰는 연인 관
계가 발전함에 따라 예측 가능성에서 시작하여 의존 가능
성, 그다음에는 신뢰의 순서로 진행해 간다.

게임 이론에서 볼 수 있는 신뢰

게임은 신뢰에 대한 연구가 시작된 가장 초창기부터 신뢰 조사에 활용되었다(도이치Deutsch, 1958). 현대 연구에서 사용되는 게임에서는 두 참가자가 서로 돈을 교환하는데, 상대자에게 배분하는 돈의 액수로 둘 사이의 협조와 배신을 평가한다(몬터규Montegue, 킹 카사스King-Casas, 코언Cohen, 2006). 참가자 A(투자자)는 일정 액수의 돈이나 (돈의 대용인) 점수를 받는다. 투자자는 받은 돈을 전부 가지고 있을 수도 있고, 참가자 B(수탁자)에게 일정 금액을 '투자'할 수도 있다. 수탁자에게 투자된 돈의 가치는 세 배로 늘고, 수탁자는 투자자에게 얼마를 돌려줄지 결정한다. 투자자는 후에 분할이 공평하게 여겨지도록 처음 수탁자에게 투자할 때 상당한 금액을 주는 경향이 있다. (가령 20달러를 받은 투자자가 수탁자에게 10달러를 투자하기도 한다.)

사회적 접촉과 교환 이론

——

신뢰에 관한 사회적 접촉과 교환 이론은 심리학, 범죄학, 사회학, 조직 과학과 같은 여러 학문에서 찾아볼 수 있다. 이 이론에 따르면, 신뢰는 공정성을 실천하고 정의의 규칙을 준수하는 사람들이 상대방에게 도움이 되는 결과를 서로 교환하는 과정에서 나타나는 결과물이다(슈어만Schoorman, 메이어Mayer, 데이비스Davis, 2007).

신뢰의 기반, 영역, 대상 범위 체계

——

기반, 영역, 대상 범위Bases, Domains, Target Dimensions(이하 BDT) 체계는 나와 내 동료들이 만든 개념이다(로텐버그, 2010). 이 체계에 따르면, 신뢰는 세 가지 기반base(신용, 감정적 신뢰, 정직), 세 가지 영역domain(인지와 정서, 행동 의존, 행동 실행), 두 가지 대상 범위target dimension(친밀성, 특정성)로 이루어진다. 신뢰의 세 가지 기반 중 첫 번째인 신용은 말이나 약속의 이행을 의미한다. 두 번째 감정적 신뢰는 공개된 정보를 수용하고 비밀을 지킴으로써 감정적 해를 끼치지 않는 것을 의미한다. 세 번째 정직은 진실을 말하고 악의적 의도 없이 선한 의도로 행동하는 것을 말한다. 신뢰의 세 가지 영역 중 첫 번째인 인지와 정서 영역은 타인이 앞서 말한 신뢰의 세 가지 기반을 지니고 있다는 개인의 믿음이나 감정(예를 들면, 신뢰와 같은)을 의미한다. 두 번째 영역인 행동 의존은 신뢰의 세 가지 기반에 따라 믿을 만한 방식으로 행동하는 타인을 믿고 행동상 따르는 것을 뜻한다. 마지막으로 행동 실행은 신뢰의 세 가지 기반을 행동으로 옮기는 것(예컨대 신뢰성)을 말한다. 이러한 신뢰의 기반과 영역은 두 가지 대상 범위 전체에 적용된다. 첫 번째 대상 범위는 높은 친밀성에서부터 낮은 친밀성까지 포괄하는 친밀성이고, 두 번째는 특정 타인에서 일반 타인에 이르는 특정성이다. 마지막으로 BDT 체계에서 말하는 신뢰는 두 당사자가 신뢰할 만한 믿음과 행동을 서로 일치시켜 나가는 상호적 과정이다. 이러한 상호 교환 과정이 지나면 두 당사자 사이에는 공통된 사회적 역사가 생겨난다.

이 장을 마무리하며

신뢰가 위기에 처해 있는지, 아니면 신뢰가 모든 이론의 시작이 될 수 있는가에 대한 질문을 던지며 이 장을 시작했다. 그리고 신뢰의 일반적인 정의를 살펴보았고, 신뢰를 주제로 한 이론과 접근법을 간단히 정리했다.

섹스, 거짓말, 그리고 비디오테이프

스티븐 소더버그Steven Soderbergh가 1989년에 제작한 영화 '섹스, 거짓말, 그리고 비디오테이프Sex, Lies, and Videotape'에는 현대 사회에서 거짓말과 신뢰를 깨는 행위가 성인의 인간관계에 어떤 영향을 미치는지 적절히 묘사되어 있다. 이 도발적인 영화에서 앤(앤디 맥도웰Andie MacDowell 분)은 남편 존(피터 갤러거Peter Gallaghe 분)과 더 이상 관계를 가지지 않으며, 존은 아내 모르게 처제 신시아(로라 산 지아코모Laura San Giacomo 분)와 불륜 관계를 맺고 있다. 이 영화는 존의 오랜 친구이자 떠돌이인 그레이엄(제임스 스페이더James Spader 분)이

존의 집을 방문하면서 본격적으로 시작된다. 그레이엄은 여자가 자신의 성 경험을 묘사하는 모습을 비디오로 찍는 특이한 페티시즘을 가지고 있다. 결국 신시아와 앤은 그레이엄을 위해 자신의 성 경험을 고백하는 비디오테이프를 각자 만들기에 이른다. 그레이엄도 비디오테이프에 자신이 그동안 충동적으로 거짓말을 일삼았고 그로 인해 연인들과의 관계가 망가졌다고 고백한다. 앤은 우연히 존과 자신의 여동생이 불륜을 저지르고 있다는 사실을 알게 된다. 앤은 존을 믿을 수 없다고 판단하고 결혼 생활을 끝낸다. 그리고 앤과 그레이엄은 가까운 사이로 발전한다. 이 영화의 주제는 거짓말과 기만이 성인들의 친밀한 관계 속에 퍼져 있고, 그 결과 신뢰가 흔들리고 관계는 결국 끝난다는 것이다. 영화에서는 비디오테이프에 공개한 비밀 이야기가 사람들이 성적인 문제를 직시하고 해결할 수 있게 도울 수 있다고 말한다. 그저 영화 속 이야기일까, 아니면 실제 삶을 정확하게 반영한 것일까?

사람들은 얼마나 자주 거짓말을 할까

세로타Serota, 리바인Levine, 보스터Boster(2010)는 상당수의 미국인을 대상으로 지난 24시간 동안 다섯 유형의 사람들(친구, 가족, 직장 동료, 지인, 모르는 사람)에게 얼마나 많은 거짓말을 했는지 온라인으로 설문 조사를 했다. 연구자들은 응답자들에게 뻔한 거짓말이든 미묘한 거짓말이든, 자신을 위한 거짓말이든 타인을 보호하기 위한 거짓말이든 관계없이 모두 답하게 했다. 그 결과, 응답자들은 하루에 평균 두 번의 거짓말을 한다고 답했다. 그리고 소수의 응답자만이 거짓말을 많이 한다고 답했다. 사람들이 답한 거짓말의 거의 절반이 응답자의 5%가 한 것이었다. 실제로 거짓말을 많이 하는 사람은 소수에 불과한 것으로 보인다. 지인이나 완전히 모르는 사람에게보다는 가족이나 친구에게 거짓말을 할 확률이 높고, 거짓말을 하는 빈도는 성인이 된 후 나이 들어 감에 따라 점차 감소하는 것으로 나타났다. 이와 관련된 연구에서 드폴로DePaulo, 캐쉬Kashy, 커켄돌Kirkendol, 와이어Wyer, 엡스타인Epstein(1996)은 77명의 대학생과 70명의 지역 주민에게 일주일 동안 거짓말에 대한 일기를 쓰도록 했다. 연구 결과에 따르면, 대학생은 하루에 평균 두 번의 거짓말을 했고 지역 주민은 하루에 평균 한 번의 거짓말을 하는 것으로 나타났다.

사람들은 어떤 거짓말을 할까

——

설문 조사(노스럽Northrup, 슈워츠Schwartz, 위트Witte, 2013)에 따르면, 남성의 33%와 여성의 19%가 외도했다고 답했다. 부정행위는 하룻밤의 외도에서 잦은 정사에 이르기까지 다양했다(5장 참고). 드폴로, 앤스필드Ansfield, 커켄돌, 보든 Boden(2004)은 외도가 가장 자주하는 심각한 거짓말임을 알아냈다. 사람들은 죽음과 위중한 병은 물론 폭력과 위험에 대해서도 심각한 거짓말을 했지만, 외도만큼 자주하지는 않았다. 심각한 거짓말은 금지된 행동, 금전이나 직업, 개인적인 사실이나 감정, 자기 주체성과 관련된 것이었다. 심각한 거짓말 중 상당수가 나쁜 행동을 감추고 벌을 모면하기 위해서였다. 이러한 연구 결과는 친밀한 관계에서 '섹스, 거짓말, 그리고 비디오테이프'의 내용이 진실과 동떨어진 이야기는 아님을 보여 준다.

일상적인 거짓말이나 소위 선의의 거짓말에 대한 연구에서 드폴로 등(1996)은 사람들이 가장 자주 하는 거짓말이 과장된 거짓말이나 미묘한 거짓말(예컨대 관련된 세부 사항에 대한 언급을 피하거나 생략하는 것)이 아니라 노골적인 거짓말이라는 사실을 알아냈다. 사람들이 가장 자주 하는 긍정적인 거짓말은 어떤 것이나 누군가를 실제보다 더 좋아하는 척하는 것이었다. 관련 연구에서 드폴로와 캐쉬(1998)는 사람들이 사회적 상호 관계에서는 거짓말을 더 적게 했고, 타인보다는 가까운 사람들과의 대화에서 거짓말을 할 때 불편함을 더 많이 느낀다고 말했다.

사람들은 왜 거짓말을 할까

———

인간을 포함한 다양한 종에서 거짓말이 진화한다는 주장이 제기된 바 있다. 속이는 능력은 포식자를 피하고 먹이를 지키는 데 반드시 필요하다(올콕Alcock 참고, 2001). 사람과 영장류 모두 전략적인 속임수를 쓴다는 증거도 있다. 이러한 속임수에는 목표 달성을 위해 연합이나 동맹을 형성하는 등의 사회적 전략을 행하는 것도 포함된다(홀Hall, 브로스넌 Brosnan 참고, 2017). 논란이 되는 것은 다른 종의 '속이는' 행위가 반사적 행동인지 아니면 속이려는 의도에서 비롯된 행동인지다. 다시 말해, 속이는 행위가 정신과 감정 상태를 이해해서 나타나는 결과물인지가 쟁점인 것이다.

드폴로 등(1996)은 일기 연구를 통해 거짓말의 동기를 파악했다. 연구자들에 따르면, 타인에게 득이 되는 거짓말 보다 자기 자신에게 득이 되는 거짓말을 할 확률이 약 두 배 높다. 사람들이 자기 중심적인 거짓말을 하는 이유로는 자신의 외모를 더 나아 보이게 하거나 자신의 기분을 더 좋게 하기 위해서, 혹은 난처하거나 불쾌한 상황에서 자신 을 보호하기 위해서, 또는 감정적 상처를 입지 않거나 자존 감이나 타인의 애정을 구하기 위해서 등이 있다. 물론 물질 적인 이익을 얻거나 개인의 편의를 위해 거짓말을 하는 경 우도 있다. 연구에 따르면, 사람들은 자신의 성과, 실패, 행 방에 대해 거짓말을 하기보다는 감정에 대해 거짓말을 하 는 경우가 더 많았다. 사람들이 타인을 위해 거짓말을 할 때는 실제 느끼는 것보다 더 긍정적으로 느끼는 척하거나 다른 사람 의견에 실제로는 반대하지만 동의하는 척하는 경우였다.

　속임수를 쓰고 거짓말을 하는 이유가 성격 특성 때문이라는 증거도 있다. 캐쉬와 드폴로(1996)는 마키아벨리즘 성격 특성이 거짓말 중에서도 주로 자기 중심적인 거짓말과 연관이 있음을 알아냈다. 자기 중심적 거짓말은 자신을 다른 사람보다 유리한 입장에 서게 하고 자신의 이익을 보호하기 위한 거짓말이다. 책임감이 강한 성격 특성은 (가령 정직하고 강직해야 한다고 생각하는 성향) 거짓말 중에서도 특히 자기 중심적 거짓말은 잘하지 못했다. 마키아벨리즘 성격 특성을 가진 사람들은 자신이 다른 사람보다 거짓말을 성공적으로 해낸다고 생각하는 경향이 있었다.

청소년도 물론, 거짓말을 한다

———

청소년(고등학생)과 초기 성년(대학생)이 부모에게 거짓말을 자주 한다는 것은 젠슨Jensen, 아넷Arnett, 펠드먼Feldman, 카우프만Cauffman(2004)이 조사한 바 있다. 연구자들은 조사 참가자들에게 지난 일 년 동안 여섯 가지 사안(금전, 성적 행동, 친구, 파티, 데이트, 술과 약물 사용)에 대해 부모에게 거짓 말했던 빈도를 5점 만점의 점수로 평가하도록 하였다. 초기 성년 중 82%가 여섯 가지 사안(금전, 술과 약물, 친구, 데이트, 파티, 성) 중 적어도 한 가지에 대해 부모에게 거짓말을 했으며, 사안별로 평균 0.6에서 2.4번의 거짓말을 한 것으로 나타났다. 초기 성년보다는 청소년이, 여성보다는 남성이 거짓말을 더 자주 했다. 청소년이 부모에게 거짓말을 하는 주된 이유는 자율성(스스로 결정할 권리 등)을 지키고 친사회적 행동(남을 돕는 등)을 하기 위해서였다. 이와 비슷하게 청소년은 부모에게 하는 거짓말이 초기 성년에 비해 더 허용할 수 있는 행동이라고 생각했다. 또한 여성보다 남성이 부모에게 하는 거짓말을 더 허용적으로 받아들였다. 기질적으로 자제력이 낮은 사람은 부모에게 좀 더 쉽게 거짓말을 했는데, 이를 이용하면 통계상으로 거짓말을 예측할 수도 있었다. 청소년기에서 성인기로 접어들면서 부모에게 거짓말을 하는 횟수가 감소하는 것은 어른이 되어 자율성을 얻었기 때문에 남을 속일 필요성이 줄어든 결과라고 연구자들은 말했다.

아이들은 거짓말이 무엇인지 알까

————

세 살이나 네 살 정도의 어린아이들도 남을 속이려는 의도가 있는지에 따라 거짓말이 성립된다는 것을 안다. 물론 아이들이 거짓말을 규정할 때 그 의도를 파악하는 능력도 발달 단계별로 성장하긴 한다(1장 참고). 마음 이론theory of mind 연구에 따르면, 아주 어린 아동(4세 이하)조차 틀린 믿음false belief을 이해하는 일차원적 능력을 가지고 있다. 또 사람들이 다른 사람에게 잘못된 믿음을 갖게 하여 특정 사건이나 내적 상태가 거짓으로 나타날 수 있다는 사실을 이해한다. 마음 이론 연구에 따르면, 아이들은 고의적으로 다른 사람에 대한 틀린 믿음을 갖게 하는 것을 도덕적으로 잘못된 일이라고 생각한다(탈와르Talwar, 리Lee, 2008).

아이들은 거짓말을 할까

————

이 질문에 대해 많은 부모들이 그렇다고 답할 것이다. 그리고 그 대답이 맞을 것이다. 아이들이 거짓말을 쉽게 한다는 사실은 유혹 저항 모델을 통해 알 수 있다(루이스Lewis 등, 1989). 이 방법에서 첫 번째 실험자는 아이에게 장난감을 몰래 보거나 가지고 놀아서는 안 된다고 말하고 방에서 나간다. 아이가 장난감을 몰래 보면서 실험자의 지시 사항을 어겼는지 확인하기 위해 아이의 행동을 녹화한다. 그런 다음, 또 다른 실험자가 아이에게 가서 첫 번째 실험자가 자리를 비웠을 때 어떤 행동을 했는지 묻는다. 이는 아이가 자신이 거짓말을 했다는 사실을 인정하는지 알아보기 위해서 하는 질문이다. 이 방법을 활용한 연구에 따르면, 3~5세 사이의 취학 전 아동조차 다른 사람을 속이기 위해 자주 진실을 숨기거나 정보를 감추는 것으로 드러났다.

엄마들의 답변에서 나타나듯, 많은 아이들(약 65%)이 거짓말을 자주 혹은 가끔 한다는 사실은 종적 연구를 통해서도 드러난다. 소수의 초등학생(5%)만이 거짓말을 꾸준히 한다(저베이스Gervais, 트렘블레이Tremblay, 디마레-저베이스Desmarais-Gervais, 2000). 세로타, 리바인, 보스터(2010)의 연구에 따르면, 이 비율은 만성적으로 거짓말을 하는 성인의 비율과 비슷하다. 여러 연구에서 여자아이보다 남자아이가 더 자주 거짓말을 한다는 결과가 나타난다(리Lee 참고, 2013).

아이들은 왜 거짓말을 할까

아이들이 거짓말을 하거나 남을 속이는 주된 이유는 이러한 행동으로 인해 자신에게 닥칠 부정적인 결과가 줄어들기 때문이다(탈와르, 크로스맨Crossman 참고, 2011). 그렇기는 하지만 아이들은 다른 사람의 감정을 보호하기 위해 선의의 거짓말을 하기도 한다는 연구 결과도 있다. 워네켄Warneken과 올린스Orlins(2015)는 아이들을 연령별로 세 그룹(5세, 7~8세, 10~11세)으로 나눈 뒤 어른 한 명과 같이 미술 과제를 하게 했다. 그 과정에서 어른은 예술가 역을 하며 다소 형편없는 솜씨로 집 같은 것을 그렸다. 예술가는 아이들에게 자신이 예술가로서 재능이 부족해서 무척 슬프다고 표현하거나(슬픈 상태), 재능이 없는 것에 대해 별로 개의치 않는다고 표현했다(중립적 상태). 이후 아이들에게 예술가의 그림이 훌륭한지 아니면 형편없는지 답하게 했다. 모든 연령의 아이들은 예술가가 중립적 상태일 때보다 슬픈 상태일 때 그림이 훌륭하다고 말할 확률이 높았다. 이 연구는 아이들이 다른 사람의 감정을 보호하기 위해 선의의 거짓말을 한다는 사실을 보여 준다.

아이들은 거짓말이 잘못된 행동임을 알까

아주 어린아이(3, 4세)도 거짓말이 도덕적으로 나쁘다고 말하는 것을 보여 주는 연구는 많다(리 참고, 2013). 그리고 성인들이 이기적인 정직보다 이타적인 거짓말이 도덕적으로 옳다고 생각한다는 연구 결과도 있다(리바인, 슈바이처Schweitzer, 2014).

그러나 거짓말이 옳은지 그른지 판단하는 도덕적인 잣대에는 문화와 발달상의 차이가 존재한다. 예를 들면 다음과 같다. 중국 어린이는 북미 어린이보다 다른 사람의 감정이나 집단의 평판을 보호하기 위한 거짓말을 더 허용하는 태도를 보인다. 게다가 거짓말을 예의 바른 행동으로 받아들이거나 그런 유형의 거짓말을 기꺼이 한다는 어린이가 증가하고 있다는 연구 결과도 있다(쑤Xu, 바오Bao, 푸Fu, 탈와르, 리, 2010).

거짓말을 알아챌 수 있을까

실제로 어린이와 성인이 보통 거짓말을 알아챌 확률은 우연히 맞추는 수준을 넘지 못한다. 그러나 여기에도 예외는 존재한다. 연방 경찰관과 임상 심리학자는 속임수를 알아채는 일이 우연히 맞추는 수준을 넘는 것으로 알려졌다(크로스맨, 루이스 참고, 2006). 어린이와 성인은 거짓말인지 알아내려고 잘못된 신호에 기대는 경우가 많다. 예를 들면 회피하는 시선, 자연스러운 대화와는 대비되는 계획된 대화, 빠르게 움직이는 팔다리 등이다(드폴로, 러니어Lanier, 데이비스, 1983; 로텐버그 1991; 쉬리Shiri, 브루스Bruce, 2008). 실제로 거짓말을 하는 사람은 앞으로 나서지 않고, 말을 많이 더듬으며, 설명이 다소 지루하고, 이야기의 결함이 적다(드폴로 등, 2003).

이 장을 마무리하며

이번 장은 '섹스, 거짓말, 그리고 비디오테이프'라는 영화를 소개하는 것으로 시작해서 거짓말이 우리 주변에 얼마나 만연한지, 그리고 그 본질과 원인에 대해 알아보았다. 그리고 아동기, 청소년기, 성인기에 나타나는 거짓말에 관한 연구를 검토했으며, 끝으로 사람들이 속임수를 알아채는 데 서투르며 거짓말을 드러내는 신호를 잘못 해석하는 일이 많다는 연구 결과를 소개했다.

03

신뢰의 미묘한 균형 잡기

속임수나 사기는 인류가 탄생한 이래 항상 존재해 왔다(예
컨대 트로이의 목마). 신문과 대중 매체는 사기를 당한 사람
들에 대한 이야기로 넘쳐난다. 언젠가 『미러Mirror』에 실린
신문 기사를 본 적이 있는데, 유명한 쇼 '굿모닝 브리튼
Good Morning Britain'에 출연한 한 의사에 관한 내용이었다.
그 의사는 "데이팅 사이트인 플렌티 오브 피시Plenty of Fish
에서 만나 연인이 된 남자가 자신에게 15만 파운드를 사기
치고, 심지어 자기 몰래 자신의 엄마에게도 사기를 치려 했
던 사실을 알게 된 끔찍한 순간"을 이야기했다(미러 뉴스

신뢰를 연구하는 학자들 마저 사기에서 자유롭진 않다! 나는 국제 행동 발달 연구 학회International Society for the Study of Behavioral Development의 영국 대표이다. 한번은 학회 회장에 게 이메일 한 통을 받았는데, 여자 형제의 장례식 참석을 위해 영국을 방문하는 중국인 회원에게 도움을 줄 수 있는 지 요청하는 메일이었다. 나는 요청을 거절하고 학회에 연락했고, 그 메일이 사실은 사기였다는 것을 알게 되었다. 학회는 웹사이트에 이 사건에 대한 설명을 게시하고 다른 회원들에게 주의할 것을 경고했다. 어쩌면 나의 학문적 배경 덕에 사기를 모면한 것일 수도 있지만, 정말 그런 것인지는 나도 모르겠다.

사기 사건에 관한 이야기를 듣고 난 후 사람들은 보통 '내가 사람을 너무 잘 믿나?' 혹은 '내가 적절한 정도로 사람을 믿고 있나?'와 같은 질문을 스스로에게 던진다. 어쩌면 이것은 인생 자체에 던지는 본질적인 질문일 수도 있다. 존재와 관련된 질문인 것이다. 이 질문을 프랭크 크레인 Frank Crane의 관점에서 생각해 보자. 프랭크 크레인은 "지나 치게 믿으면 기만당할 수 있지만 충분히 믿지 않으면 고뇌

속에 살게 된다."라고 말했다. 이 말이 맞을까? 이 질문에 대한 답을 찾는 가장 간단한 방법은 지나치게 믿거나 지나치게 믿지 못해서 생긴 문제를 다룬 연구를 참고하는 것이다.

과연 지나치게 믿지 못해서 생기는 문제가 있을까

신뢰가 낮으면 심리 사회적 부적응이 심화된다는 결과를 보여 주는 연구가 점점 많아지고 있다. 나와 나의 동료들은 BDT 체계의 척도를 활용하여 타인이 신용(약속 지키기 등), 감정적 신뢰(비밀 유지 등), 정직(진실 말하기 대 거짓말하기 등)을 보여 준다고 사람들이 믿는 정도를 평가했다. 연속된 연구를 실시하면서 나와 내 동료들은(로텐버그 등, 2010; 연구 1, 2, 3) 세 개의 연령 그룹(초기 아동기, 중기 아동기, 성년 초반기)에서 신뢰가 낮으면 장기적으로 외로움의 감정을 증가시킬 것이라는 결론을 얻었다. 낮은 신뢰와 외로움의 증가는 직접적인 연관이 있었을 뿐만 아니라, 이 둘의 관계는 사회적 관계에서 이탈된 정도의 영향을 받았다.

또 다른 연구(로텐버그 등, 2010; 연구 4)에서는 여대생에게 '기억 과제'를 수행하게 했다. 여대생들은 다음의 두 조건 중 하나에 무작위로 배정되었다. '신뢰 점화' 조건에 속한 대학생에게는 신뢰와 관련된 단어들('진실된' 등)을 외우게 했다. 이러한 단어를 암기하는 이유는 신뢰와 관련된 생각을 받아들이기 쉽게 하려는 것이었다. '불신 점화' 조건에 속한 대학생들은 불신에 관한 단어들('거짓말' 등)을 암기하게 했다. 이러한 단어를 외워서 불신에 대한 생각을 쉽게 받아들이게 했다. 그런 다음, 참가자들에게 형용사 체크 리스트('외로움', '수줍음' 등)를 보고 자신의 감정을 평가하게 하고, 다른 사람에게 자신의 개인 정보를 얼마나 기꺼이 공개할지 알려 달라고 했다. 그 후 참가자들끼리 짧은 대화를 나누었다. 우선 목록에서 이야기하고 싶은 주제를 선택하고 매우 짧은 대화를 나눈 후에 자신과 대화 상대가 형성한 관계에 대해 알려 달라고 했다.

연구 결과에 따르면, 미리 신뢰에 대해 알려 준 참가자들에 비해 불신에 대해 알려 준 참가자들은 외로움과 심리적 위축(외로움과 수줍음)을 크게 느꼈다. 다른 사람에게 자신을 드러내거나 대화 상대에게 사적인 이야기를 적극적으로 공개하지 않았으며, 대화 과정에서 관계를 형성하겠다는 의지가 별로 없었다.

우리는 논문에 게재한 네 개의 연구에서 얻은 결과를 다음과 같이 해석했다. 낮은 신뢰는 외로움에 직접적인 영향을 주는데, 이는 신뢰가 낮으면 다른 사람들과 단절되는 느낌이 들기 때문이다. 또한 낮은 신뢰는 외로움에 간접적으로도 영향을 주는데, 신뢰가 낮으면 다른 사람과 어울리기를 꺼리게 되고 자신을 덜 드러내며 상호 관계에서 친밀한 관계가 형성되지 않기 때문이다.

잘 믿지 못하는 사람에게 나타나는 문제를 조사한 다른 연구도 있다. 말티Malti 등(2013)은 낮은 신뢰가 공격성과 관련이 있다고 말했다. 퀄터Qualter 등(2013)은 타인에 대한 신뢰가 낮으면 아동기와 청소년기에 걸쳐 외로운 감정이 커지는 것은 물론 우울증 증상이 나타나고 전반적인 건강이 안 좋아지게 될 것이라고 말했다. 연구 결과를 종합해보면, '지나치게 신뢰가 없다면' 다양한 형태의 부적응이 심화된다는 것을 알 수 있다.

반대로 지나치게 믿어서 생기는 문제가 있을까

——

줄리안 로터(1980)는 이런 질문을 던졌다. 남을 잘 믿는 사람이 잘 속을까? 이 질문에 대한 답을 구하기 위해 로터는 자신의 연구와 다른 학자들의 연구를 검토하여, 일반화된 신뢰가 높은 사람이 특히 잘 속아 넘어가고 배신당하기 쉬운지를 확인했다. 로터(1967)는 로터의 대인 관계 신뢰 척도Rotter Interpersonal Trust Scale로 매긴 조사 대상 대학생들의 점수와, 타인이 해당 대학생들을 속기 쉬운(순진하고 쉽게 속는) 사람인지에 대해 평가한 점수 사이에 아무 연관이 없음을 알아냈다. 또한 로터는 많은 연구에서 대인 관계에 대한 신뢰가 높은 사람이 그렇지 않은 사람에 비해 실제로 신뢰 행동을 훨씬 더 많이 보인다는 사실을 확인했다. 그러나 사회적 관계에서 대화를 신뢰하지 못할 이유가 발생하면 사람을 잘 믿는 사람과 잘 믿지 않는 사람들 사이에 주목할 만한 차이가 나타나지 않았다고 연구는 지적했다. 로터(1980)는 신뢰와 잘 속는 특성 사이에는 뚜렷한 연관 관계가 없다고 주장했지만, 과연 그의 말이 옳을까?

안타깝게도 로터(1980)는 매우 낮은 신뢰부터 매우 높은 신뢰까지 신뢰의 범위 전체를 연구하지는 못했다. 전체 범위를 조사하면 잘 속는 특성과 사회 심리적 기능이 신뢰와 관련 있다고 나타날까? 전체를 조사하면 지나치게 많이 믿는 것(은 물론 지나치게 믿지 않는 것)이 심리 사회적 기능에 부정적인 영향을 미치는지에 대해 알아볼 수 있을 것이다. 이런 식의 분석을 통해 나와 내 동료들은 크레인의 의견을 뒷받침하는 증거를 찾아냈다. 일례로 우리(로텐버그, 볼턴Boulton, 폭스Fox, 2005)는 또래에 대한 신뢰가 매우 높은 아이와 매우 낮은 아이 모두 신뢰가 중간 수준인 아이에 비해 또래로부터 거부당하고 배제되기 쉬우며, 사회적 수용을 인식하는 정도가 낮다는 사실을 알아냈다. 또한 신뢰가 매우 높은 아이와 매우 낮은 아이는 중간 수준의 아이에 비해 지속적으로 높은 수준의 심리적 부적응(외로움, 우울, 불안)을 보였다.

후속 연구에서 우리는 신뢰와 심리 사회적 문제 사이의 관계가 운동장에서 아이들의 또래 간 교류로까지 연장된다는 사실을 알아냈다(로텐버그, 쾰터, 배럿Barrett, 헨치Henzi, 2014). 예컨대 또래에 대한 신뢰가 매우 낮은 여자아이와 매우 높은 여자아이는 신뢰가 중간 정도인 여자아이에 비해 또래 간 상호 작용에서 더 큰 문제(간접적 공격성, 또래로부터의 거부, 정신적 고통 등)를 보였다.

이에 따라 우리는 연구 결과를 다음과 같이 해석했다. 첫째, 신뢰가 낮은(매우 낮은) 사람은 심리 사회적 문제를 가진다. 이는 이들이 타인과 거리를 두는 경향이 있고 외로움을 느끼며 심리적으로 위축되어 있기 때문이다. 둘째, 신뢰가 매우 높은 사람 역시 심리 사회적 문제를 가지는데, 이는 이들이 다른 사람에게 배신당할 위험에 놓이기 때문이다. 예컨대 이들이 공개한 정보가 비밀로 유지되지 못하는 경우가 매우 많다. 셋째, 이러한 양상은 신뢰가 매우 낮은 집단과 매우 높은 집단 모두가 신뢰에 대한 사회적 규범을 위반한 결과로 나타난 것이다. 결론적으로 우리의 연구는 사람을 지나치게 믿지 않거나 지나치게 많이 믿는 사람들이 심리 사회적 문제를 보인다는 사실을 밝혀내 크레인의 의견을 뒷받침했다.

우리가 생각하는 배신은 무엇인가

―――

우리가 주장한 바에 따르면, 사람을 너무 잘 믿는 사람은 배신당하기 때문에 심리 사회적 문제에 취약하다. 우리가 배신에 대해 알고 있는 것은 무엇일까? 2장에서 그 답의 일부를 제시했다. 존스Jones와 그의 동료들(존스, 챈Chan, 밀러 Miller, 1991)의 연구에 따르면, 여성들은 가장 많은 배신을 하기도 하고 당하기도 하는 원인으로 혼외정사를 꼽았다. 그다음 가장 흔한 유형의 배신은 거짓말이었다. 남성의 경우, 혼외정사(5장 참고)와 신뢰를 저버리는 행위가 배신으로 여겨질 가능성은 똑같이 높았다. 대부분의 사람들(90%)이 자신이 배신을 당한 뒤에 관계가 악화되었다고 말했지만, 적지 않은 수(50%)가 자신이 상대방을 배신한 뒤에 관계가 이전과 똑같거나 심지어 좋아졌다고 답했다. 배신을 당한 사람은 관계가 절망으로 치닫는다고 느끼지만, 흥미롭게도 배신을 한 사람은 관계가 변함이 없거나 개선되었다고 답했다. 사람들은 자신이 다른 사람을 배신해서 일어나는 결과를 스스로 인식할 때에는 자기 편향적으로 생각하는 경향이 있다.

존스와 동료 연구자들은 보통의 아이들과 보호 시설에 맡겨진 아이들이 생각하는 배신에 대해서도 연구했다. 두 집단의 아이들 모두에서 배신은 괴롭히기, 거짓말하거나 거짓 주장하기, 험담과 신뢰 저버리기와 같이 세 가지로 분류되었다. 예상대로 보호 시설의 남자아이들은 다양한 범죄 행위를 배신이라고 답했지만 부모에게서 버림받고, 거부당하고, 무시당하는 것도 배신이라고 생각했다. 그 외 배신으로는 약물 복용을 중단하거나 바람직하지 않은 친구를 만나지 않겠다는 약속을 어기는 행위와 학교에서의 낙제가 있었다. 전반적으로 보호 시설의 남자아이들이 보통 아이들보다 더 심각한 배신을 경험했다.

이 연구자들은 대인 관계 배신 척도Interpersonal Betrayal Scale(이하 IBS)라는 표준화된 척도를 만들기도 했다. 이 척도를 이용해 배신 행위(예컨대, 지키려는 의도 없이 약속하기)를 할 때 나타나는 개인차를 평가했다. IBS에 근거한 성인의 배신 행위는 이혼을 안 한 사람들보다 이혼한 사람들에게서 더 많이 나타났다. 그리고 토라짐, 시기, 비꼼, 편집증적 의심, 수동적 공격성과 상관관계에 있었으나 수용과 같은 자기 지지적 특성과는 역의 상관관계에 있었다. IBS로 평가한 아동의 배신 행위에는 질투와 의견 충돌, 후회를 수반한 관계가 있었다. 연구에 따르면, 성인과 아동 모두 배신에 의해 상처받기 쉽다. 그러나 이 연구에서는 사람을 지나치게 믿는 것과 배신이 관련 있는지에 대해서는 조사하지 않았다.

'적절한 정도로' 믿으면 사기나 배신을 피할 수 있을까

안타깝게도 누군가가 '적절한 정도로' 믿고 있는지 확인할 수 있는 간단한 방법은 없다. 어떤 사람이 누군가를—어쩌면 지나치게—믿을 때 배신당하지 않게 막아 줄 보호막 같은 것 역시 없다. 우선 연구는 통계적 결과이기 때문에 연구 결과가 특정 개인에게 정답을 제시하지는 못한다. 어떤 사람이 너무 믿지 않거나 지나치게 많이 믿는지를 알아내는 것이 가능하다 할지라도, 그런 사람이 반드시 사회적으로 실패하는 것은 아니다. 연구 결과는 타인에 대한 신뢰가 매우 낮거나 매우 높아서 심리 사회적 문제를 나타내는 사람의 '일반적인' 성향을 보여 줄 뿐이다. 또 다른 문제는 누군가가 속이려 할 때 당사자가 그것을 알아챌 수 있는 능력에 관한 것이다. 2장에서 설명했듯이, 사람들은 속임수를 알아채는 데 서투르다. 거짓을 알아차릴 확률은 우연히 알게 될 확률보다 높지 않다. 따라서 보통 사람들이 사기를 감지하기란 쉽지 않다.

다만 쌍방의 신뢰가 상호주의를 통해 생겨날 수 있다고 전제하는 BDT 체계에 의해 한 가지 해결책을 찾을 수 있다. BDT 체계의 원칙에 따르면, 쌍방 간 상호 작용의 과정을 거치면서 신뢰와 그에 부합하는 행동이 나타나고 그 결과 관련된 사람들의 공통된 심리 사회적 역사가 만들어진다. 이러한 맥락에서 '적절한' 수준의 신뢰는 관계를 맺고 있는 두 사람 사이에 신뢰와 행동을 주고받은 역사에 의해 결정된다. 특정 관계에서 상대방에게 갖는 적절한 수준의 신뢰는 두 당사자 사이에 얼마나 오랫동안 신뢰와 이에 부합하는 행동이 오고 갔는지에 의해 결정된다.

이 장을 마무리하며

———

이번 장은 신뢰의 미묘한 균형에 대해 설명하면서 지나치게 믿거나 지나치게 믿지 않아서 생기는 문제를 다루었다. 여기에서 살펴본 연구에서는 신뢰하는 정도가 양 극단으로 치우치면 심리 사회적 문제가 발생한다고 지적한다. 그리고 배신에 관한 논의와, 특정 사회관계에서 나타나는 배신의 문제를 해결하는 한 가지 전략에 대해 살펴보며 이번 장을 마무리했다.

04

부모가 키우는 아이들의 믿음

발달 심리학의 다양한 이론이 가진 핵심은 부모를 비롯한 사회적 행위자가 아동기의 신뢰 발달에 도움을 준다는 점이다. 애착 이론에 따르면(1장 참고), 부모의 양육 태도와 민감성이 애착 안정성과 아동의 애착 내적 작동 모델 형성을 촉진하고, 그 결과 아이들은 타인에 대한 신뢰를 키우게 된다. 지식 획득 이론에 따르면(1장 참고), 아이들이 타인, 그중에서도 부모에게 갖는 신뢰는 물리적 세계에 대한 지식 획득과 종교적 믿음에 반드시 필요한 요소이다. 또 BDT 체계에 의하면(1장 참고), 아이들의 신뢰와 신뢰 행동(의존과 실행)은 아이와 부모(를 포함한 사회적 행위자) 간 상호 교환의 산물이다. 아이와 부모를 잇는 사회적 역사는 사회적 상호 작용 과정에서 서로 주고받는 신뢰와 이와 관련된 신뢰 행동에 의해 만들어진다.

이렇게 명확한 사실에도 불구하고, 부모가 아이의 신뢰에 영향을 미치는지에 관한 연구나, 정확하게 어떠한 영향을 미치는지에 대한 연구는 놀랍게도 거의 없다. 그렇다면 다음과 같은 질문들을 던질 수 있을 것이다. 아이가 부모에게 갖는 신뢰에 부모가 영향을 미칠까? 부모의 신뢰(또는 관련 행동)는 아이가 타인에게 갖는 신뢰에 영향을 미칠까? 아이가 부모에게 갖는 신뢰는 아이의 사회적 발달에 영향을 미칠까? 이번 장에서는 이 질문들과 관련된 연구를 검토해 볼 것이다.

아이가 부모에게 갖는 신뢰에 부모가 영향을 미칠까

애착 이론에 따르면, 불안정 애착을 형성한 아이와는 대조적으로 안정 애착을 형성한 아이는 타인을 신뢰하고 타인이 한 행동의 의도를 긍정적으로 바라보는 내적 작동 모델을 발달시킨다. 이러한 아이들은 사회적 역량을 지니게 된다. 애착 이론에서는 부모의 양육 태도와 민감성이 아이의 안정 애착을 강화한다고 규정한다. 내적 작동 모델을 평가하는 척도에는 아이가 부모에게 갖는 신뢰를 평가하는 항목(예를 들면 '엄마를 신뢰하는 것이 쉬운가'와 같은)이 포함되어 있다(컨즈Kerns, 클레팍Klepac, 콜Cole 참고, 1996). 부모의 양육 태도와 민감성이 애착 안정성과 내적 작동 모델에 영향을 준다는 이론을 뒷받침하는 연구는 상당히 많다. 결과적으로 이러한 유형의 양육 행동이 직접적으로 아이가 부모에게 갖는 신뢰를 강화한다는 견해는 일견 설득력 있게 보인다. 그러나 이 견해가 추론에 불과한 이유는 아이가 부모에게 갖는 신뢰를 평가하는 항목들이 내적 작동 모델 척도 안에 깊숙이 내재되어 있기 때문이다.

부모의 신뢰는 아이가 타인에게 갖는 신뢰에 영향을 미칠까

———

이 질문에 대한 답을 찾기 위해 나는 부모가 타인에게 갖는 신뢰와 이들의 초등학생 자녀가 타인에게 갖는 신뢰 사이의 연관성을 조사했다(로텐버그, 1995). 엄마의 타인에 대한 신뢰는 아이의 교사에 대한 신뢰와 연관이 있는 것으로 나타났다. 또한 경쟁적인 게임 대 협동적인 게임(예컨대 죄수의 딜레마 게임)에서 아빠가 보이는 신뢰 행동은 아이가 동일한 게임에서 낯선 사람에게 보이는 신뢰 행동과 연관이 있었다. 이러한 연구 결과를 바탕으로 내가 내린 결론은 엄마가 다른 사람에 대한 신뢰를 말로 표현하는 것이 아이가 타인에게 갖는 신뢰에 영향을 주고, 아빠가 타인과의 활발한 교류에서 보이는 신뢰 행동은 아이가 유사한 상황에서 낯선 사람들에게 보이는 신뢰 행동에 영향을 미친다는 것이다.

부모가 아이를 믿는 이유는 무엇일까

———

커Kerr와 스타틴Stattin, 트로스트Trost(1999)는 청소년들에게 부모가 자신을 얼마나 믿는지 평가하게 하고(예컨대 아이가 나쁜 친구와 어울리지 않을 것이라는 부모의 믿음), 부모에게도 같은 항목을 적용하여 청소년 자녀에 대한 신뢰 정도를 평가하게 했다. 부모가 청소년 자녀에게 갖는 신뢰를 부모와 청소년 모두에게 평가하게 한 결과, 자녀에 대한 부모의 신뢰가 높으면 청소년 자녀의 비행은 감소했고, 청소년이 부모에게 자발적으로 자신에 대한 정보를 공개하는 행동은 증가했다. 연구자들은 청소년이 자신의 생각, 기분, 활동을 자발적으로 부모에게 말하는 행동이 부모가 아이를 신뢰하게 되는 가장 주된 원인이라고 말했다. 또한 부모와 청소년이 응답한 바와 같이, 부모가 말하는 청소년 자녀에 대한 신뢰는 긍정적인 가족의 기능과 관련이 있었다.

부모에 대한 신뢰는 타인에 대한 신뢰에 영향을 미칠까

———

이 질문에 대한 답은 우리(로텐버그, 바라티Bharathi, 데이비스 Davies, 핀치Finch, 2013)가 시행한 연구에서 일부 찾을 수 있다. 연구에 따르면, 부모가 약속을 지킨다는 믿음을 지닌 초등 학생 아이는 친구가 약속을 지킬 것이라고 신뢰하는 정도 가 높았고, 친구와 한 약속도 잘 지키는 것으로 나타났다. 이 결과는 아이가 부모에게 보이는 신뢰가 아이가 또래에 게 보이는 신뢰와 신뢰 행동의 바탕이 된다는 주장과 일맥 상통한다. 또 다른 연구에서 나와 동료들은 엄마와 아빠에 대한 아이의 신뢰가 또래를 돕는 행동과 관련이 있다는 사 실을 알아냈다(로텐버그 등, 2005). 부모에 대한 믿음이 큰 아 이는 그렇지 않은 아이보다 또래를 도울 확률이 더 높았다.

아이의 애착 질(안정 대 불안정)과 추후 아이의 사회적 역 량 사이의 연관성이 낮은 수준부터 보통 수준까지 나타났 다는 연구 결과가 있다(슈나이더Schneider, 앳킨슨Atkinson, 타디프 Tardif 참고, 2001). 이는 애착의 지표인 부모에 대한 신뢰가 사 회적 역량의 지표인 또래에 대한 신뢰를 강화한다는 사실 을 시사하는 것으로 볼 수도 있다.

학교나 이웃도 아이의 신뢰에 영향을 미칠까

학교가 청소년의 신뢰에 작용하는 역할은 플래너건Flanagan 과 스타우트Stout(2010)가 자세히 설명했다. 이들은 청소년의 사회적 신뢰(사람들 대부분은 믿을 수 있다 등), 대인 관계 신뢰(친구들은 내 비밀을 지킨다 등), 학교 연대(학생들끼리 서로 챙긴다 등)를 평가했다. 또한 청소년들은 교사가 얼마나 학생들이 서로 존중하도록 이끌고 의사 표현을 북돋는지 평가했다. 그 결과, 횡적 결과와 종적 결과가 함께 나타났다. 사회적 신뢰는 횡적으로 대인 관계 신뢰, 학교 연대, 학교의 민주적 분위기와 모두 연관성을 보였다. 학교 연대는 종적으로 사회적 신뢰를 높일 것으로 예상되었다. 이 연구 결과는 학교 연대와 민주적 분위기와 같은 학교의 특징이 타인에 대한 청소년의 일반화된 신뢰를 강화한다는 결과를 뒷받침한다. 이와 관련된 연구에서 브릭Bryk과 슈나이더 (2002)는 (넓은 의미의) 학교에 대한 아이의 신뢰가 아이의 사회적, 학업적 적응에 실질적인 역할을 한다는 점을 알아냈다.

이웃이 신뢰에 미치는 잠재적인 영향은 다양한 연구를

통해 밝혀졌다. 나와 나의 동료들이 찾아낸 사실에 따르면, 이웃의 신뢰성에 대한 부모의 평가는 타인이 약속을 지킬 것이라는 아이의 믿음과 약속을 지키는 아이의 신뢰성을 종적으로 예측하는 요소로 작용했다(로텐버그, 베츠Betts, 아이스너Eisner, 리보Ribeaud, 2012). 신뢰할 수 있는 이웃과 사는 아이는 그렇지 않은 아이에 비해 타인을 신뢰할 수 있다는 믿음과 자신의 신뢰성을 발달시키는 경향이 있었다.

이혼이 아이의 신뢰에 영향을 미칠까

아이를 가장 불안하게 하는 경험 중 하나는 부모의 이혼이나 별거다. 이혼 가정의 아이가 '온전한' 가정의 아이보다 심리 사회적 부적응을 훨씬 더 많이 보인다는 결과를 뒷받침하는 연구는 많다(라이프먼Reifman, 빌라Villa, 아만스Amans, 레디넘Rethinam, 텔레스카Telesca 참고, 2001). 온전한 가정의 아이에 비해 이혼 가정의 아이는 부모에 대한 일반화된 신뢰가 낮고(선Sun, 리Li, 2002), 성인이 된 후 미래 배우자에 대한 신뢰 또한 낮다는 연구가 있다(프랭클린Franklin, 제노프 벌맨Janoff-

Bulman, 로버츠Roberts, 1990). 질적 연구(베이커Baker, 2005)에 따르면, 부모가 이혼할 때 아이는 고통, 불신, 소외감을 경험한다고 한다.

부모는 어떻게 신뢰를 높여야 할까
——

이 질문에 대한 답을 하기에 앞서 주목해야 할 사실이 있다. 타인을 지나치게 많이 신뢰하도록 아이를 부추기면 이로 인해 아이의 심리 사회적 적응이 힘들어질 수 있으므로 이는 바람직하지 않다. 그렇기는 하지만, BDT 체계에서는 부모와 아이가 서로 신뢰하는 관계를 형성하기 위해서 아이가 부모에 대해 갖는 기본 신뢰를 부모가 키워 줘야 한다고 제안한다. BDT 체계에 따르면, 부모는 아이에게 한 약속을 지키고, 아이가 말하는 이야기에 수용적인 태도를 보이고, 아이와의 상호 작용에서 정직함을 보이면 아이의 신뢰를 강화할 수 있다. 그러나 현대 사회에서 경제적 문제나 대인 관계에서 오는 스트레스로 인해 부모가 아이와의 관계에서 이러한 행동을 일관되게 보이기란 쉽지 않다. 그러나 가장 어려운 일은 부부 간 불화나 이혼 과정에서 부모가 자녀와 서로 신뢰하는 관계를 유지하는 일일 것이다. 이러한 변화 과정에서 부모에 대한 아이의 신뢰는 무너질 수 있고, 아이가 성인이 되었을 때 자신의 배우자에 대해 갖는 신뢰도 흔들릴 수 있다.

이 질문은 또한 어떤 양육 행동이 아이의 신뢰성—부모에게 보이는 신뢰할 만한 태도도 포함—을 강화시키는지에 대한 질문이기도 하다. 여러 연구에 따르면, 부모가 처벌적 훈육 방식을 취하면 아이의 신뢰성을 높이기 보다는 도리어 역효과를 낳아 신뢰를 약화시킨다고 한다(로텐버그 등, 2012). 이러한 연구 결과는 아이에게 높은 도덕적 기준(예컨대 거짓말을 꾸짖는 것)을 적용하지 말라는 의미가 아니라, 체벌은 신뢰성과 같은 바람직한 결과를 이끄는 방법이 아니라는 점을 시사한다.

앞서 언급한 사실은 헤이즈Hays와 카버Carver(2014)의 연구 결과를 보면 더욱 분명해진다. 이들은 3세와 7세 아동을 대상으로 2장에서 설명했던 유혹 저항 패러다임을 적용했다. 2장에서 설명한 바와 같이, 실험자는 멋진 장난감을 가져와 아이들에게 몰래 보아서는 안 된다고 말하고 방을 나간다. 대다수의 아이들이 혼자 남았을 때 장난감을 훔쳐보았다. 뒤이어 들어온 다른 실험자가 아이에게 장난감을 몰래 보았는지 묻는데, 이 실험은 아이가 얼마나 거리낌 없이 거짓말을 하는지 보여 준다. 헤이즈와 카버가 개발한 패러다임(2014)에서는 실험자가 장난감 실험을 시작하기 전에 한 무리의 아이들에게는 거짓말을 하고(가령 그릇 안에 사탕이 있다는 거짓말) 다른 무리에는 거짓말을 하지 않았다. 학령기 아이들(5~7세)의 경우, 거짓말을 한 실험자를 만난 아이들은 거짓말을 하지 않은 실험자를 만난 아이들보다 장난감을 몰래 보고서도 보지 않았다고 거짓말을 할 확률이 높았다. 이러한 차이는 학령 전 아동(5세 미만)에게서는 나타나지 않았다. 이 결과는 거짓말을 하는 성인들이 학령기 아동에게 정직하지 못한 모델로 작용해서 그들에 대한 불신을 키운다는 것을 시사한다. 자신의 아이를 신뢰할 만한 사람으로 키우는 한 가지 방법은 사람들에게, 특히 자신의 아이에게 거짓말을 하지 않는 것이다. 물론 산타클로스 같은 사회적 관습과 관련된 거짓말은 여기에 해당되지 않는다.

이 장을 마무리하며

이 장에서는 발달 이론과 관련 연구를 검토하여 애정 어린 양육 태도와 아이를 향한 민감한 반응이 부모에 대한 아이의 신뢰를 높인다는 사실을 알아냈다. 또한 엄마가 신뢰와 관련해 말로 표현하고 아빠가 신뢰할 만한 행동을 하면 타인에 대한 아이의 신뢰와 신뢰 행동이 강화된다. 청소년이 부모에게 자발적으로 자신의 이야기를 하면 청소년 자녀에 대한 부모의 신뢰가 커진다는 사실도 살펴보았다. 이 장에서는 이혼이 아이의 특정 신뢰에 해로운 영향을 미친다는 연구 결과도 다루었다. 마지막으로 부모가 아이에게 거짓말과 처벌적 양육을 하지 않아야 아이가 타인(부모)에 대한 신뢰를 키울 수 있다는 사실을 강조했다.

연인 관계의 몇 가지 그림자

소설『그레이의 50가지 그림자Fifty Shades of Grey』는 상당한 파장을 몰고 왔다. 이제는 어른 중에 모르는 사람이 거의 없겠지만, 이 책은 성애를 묘사한 E. L. 제임스E. L. James의 연애 소설 3부작 시리즈 중 첫 번째 책이다. 대학 졸업생(아나스타샤 스틸)과 젊은 사업가이자 부호(크리스천 그레이)의 점차 성적으로 은밀해지는 관계를 추적하듯 그려 나간 이 소설은 속박과 훈육, 지배와 복종, 가학과 피학BDSM으로 이루어진 상당한 수위의 성적 행위를 묘사한다.『그레이의 50가지 그림자』는 전 세계에서 베스트셀러 1위를 기록했으며 52개국 언어로 9천만 부 이상이 팔렸다.

『그레이의 50가지 그림자』에서 성행위는 극도로 생생하게 묘사되지만, BDSM에서 양 당사자 간의 신뢰가 필수적이라는 점은 그만큼 상세하게 설명되지 않은 것 같다. 서브미시브 혹은 바텀(BDSM에서 고통을 받는 사람)이 도미넌트 혹은 탑(BDSM에서 고통을 주는 사람)의 공격적인 행동을 저지하기 위해서는 그를 믿어야 한다. 탑은 욕망이 최고에 이른 상황에서라도 바텀이 미묘한 비언어적 신호를 보내면 이에 반응하여 자제해야 한다. BDSM이 매우 독특한 유형의 성행위인 것은 분명하지만, 여타 성애적인 연인 관계의 다소 노골적인 상징으로도 볼 수 있다. BDSM은 육체적, 감정적 친밀함을 추구하려는 상당히 상호 의존적인 관계에서 이루어지기 때문에 상대방으로부터 상처받기가 매우 쉽다. 또한 두 사람 사이의 상호 작용은 복잡하고도 미묘한 형태의 언어적, 비언어적 소통을 통해 이루어진다. 이러한 유형의 성행위는 모든 자발적인 성행위가 그렇듯 최소한 서로 간의 신뢰를 기본으로 한다.

사람들은 연인 관계가 성공하려면 두 사람 모두 신뢰할 만한 행동을 해야 하고 서로 신뢰할 수 있는 관계를 만들어야 한다고 굳게 믿는다(플레처Fletcher, 심슨Simpson, 토마스 Thomas, 자일스Giles, 1999). 이 장에서는 인간의 성생활과 연인 관계에서 신뢰가 반드시 필요한지 알아보고, 만약 그렇다면 신뢰의 역할이 무엇인지 살펴볼 것이다. 관련 연구를 살펴보는 과정에서 연인 관계의 신뢰에는 다양한 그림자가 존재한다는 사실이 분명해질 것이다.

유아기 애착의 질은
성인의 연인 관계에 영향을 미칠까

유아기에 형성된 애착의 질이 성인이 된 후 연인 간 애착 유형에 사회 인지적 바탕이 된다는 주장도 있다. 이 주장은 논란의 여지가 있지만, 성인의 연인 간 애착의 질이 연인 관계에 중요한 영향을 미치는 것은 분명하다. 애착 유형별로 보자면, 연인 간 안정 애착을 가진 사람은 기꺼이 다른 사람과 가까워지고 믿으려는 성향이 강한 반면, 연인 간 불안(불안정) 애착을 형성한 사람은 친밀한 관계를 추구하기도 하고 회피하기도 하는 두 가지 모습을 모두 보인다. 마지막으로 연인 간 회피(불안정) 애착을 가진 사람은 친밀한 관계를 피하고 연인을 믿지 못하는 경향을 보인다.

연인 간 안정 애착을 가진 사람은 연인 관계를 지속하는 기간이 가장 긴 반면, 불안 애착 유형인 사람은 가장 짧다는 연구 결과가 있다(피니Feeny, 놀러Noller, 1990; 커크패트릭Kirkpatrick, 데이비스, 1994). 그러나 커크패트릭과 데이비스(1994)는 불안 애착 유형의 여성과 회피 애착 유형의 남성이 만나면 안정적인 연인 관계를 유지하는데, 그 이유는 이들이 전통적인 성역할을 따르기 때문이라고 말했다(예컨대 불안한 여성성의 여자와 무심한 남성성의 남자).

신뢰는 연인 관계의 애착의 질을 결정하는 요소로 여겨진다. 연인 간 안정 애착을 지닌 사람은 연인을 신뢰하고(미큘린서Mikulincer, 1998) 연인의 신뢰를 받고(콜린스Collins, 리드Read, 1990), 연인 관계가 지속되는 동안 신뢰를 유지하며(킬란Keelan과 디온, 디온, 1994), 신뢰가 깨진 상황에 긍정적으로 대처하는(예컨대 그 상황에 대해 연인과 대화하는 것) 경향을 보인다(미큘린서, 1998).

성생활과 관련해서 버니-포터Birnie-Porter와 헌트Hunt(2015)는 연인 간 회피 애착 유형을 가진 사람이 한 사람과만 데이트를 하거나 혹은 약혼이나 결혼을 한 경우에는 성적 만족도가 저하되었다고 말했다.

연인 관계에서 다른 유형의 신뢰가 존재할까

연인 관계에서 신뢰에 대한 신뢰-애정 접근법은 렘펠과 그의 동료(1장 참고)가 제시했다. 신뢰-애정 접근법은 연인 관계가 다음의 세 가지로 구성된다고 전제한다. 첫 번째는 예측 가능성으로, 과거의 상호 관계를 통해 얻게 된 안정적 성격(정직과 배려심)에 대한 기대를 말한다. 두 번째는 의존 가능성으로, 자신의 은밀한 정보를 상대방에게 공개함으로써 발생하는 위험을 기꺼이 감수하고 상대방의 약속을 신뢰하는 것을 일컫는다. 세 번째는 신뢰로, 연인의 배려 깊은 반응과 견고한 관계에 대해 느끼는 확신과 안심을 의미한다. 연구에 따르면, 연인 관계가 발전함에 따라 이 세 가지 신뢰의 형태가 순서대로 나타난다. 또한 연인 관계에서 연인들이 의존 가능성과 신뢰를 유지하는 태도는, 사랑하는 감정과 상대방이 관계에서 내적 동기(예를 들면, 상호 만족을 이루려는 동기, 감정 이입을 바탕으로 한 배려)를 가지고 있다는 인식과 관련이 있었다. 또한 서로 신뢰가 두터운 연인들은 관계에서 상대방의 인과적 역할에 대해 일관적으로 긍정적인 언급을 하는 경향을 보였다(렘펠, 로스, 홈즈, 2001).

탱고를 추려면 정말로 두 사람이 있어야 한다

연구자들은 연인 사이의 신뢰는 두 당사자가 만드는 과정이라고 강조한다. 머레이Murray와 홈즈(2009)는 연인 관계에서 나타나는 상호 반응성 모델을 제시했다. 상호 반응성은 상대방이 얼마나 이기적인지 파악하고 상대방의 요구를 받아들일지 아니면 거부할지 인식하는 것이다. 이러한 상황을 인식하면 상대방 역시 위험(과 신뢰)을 가늠하고 관계에서 자기방어적 태도를 취할지 아니면 관계를 이어 갈 것인지를 따져 본다. 상호 반응성을 간략하게 설명하자면 다음과 같다. 연인 사이에 이해 충돌이 발생한 경우(가령 연인의 목표가 서로 상충할 때) 연인 간 신뢰에 대한 인식은 목표에 대한 두 당사자의 상호 반응성, 서로 간의 상호 의존성, 각자가 관계에서 (장기간의) 신뢰를 보여 주는 본래 성향에 따라 달라진다.

상호 반응성에 관한 실험을 실시한 쉘크로스Shallcross와 심슨Simpson(2012)은 이성애자 연인들에게 신뢰-애정 척도를 적용하여 이들의 장기간 신뢰를 평가했다. 연인들은 서로 상의를 통해 상대방의 희생이나 양보를 요하는 목표(예컨대 비싼 물건을 사는 일)를 각자 선택했다. 그리고 자신의 연인과 이 목표에 대해 대화를 나누었다. 상의가 끝난 후에 실험 참가자들이 현재 가지고 있는 신뢰(현재 연인에 대해 느끼는 신뢰 등)를 측정했다. 실험에서 '질문자'는 요구를 제시한 쪽이었고 '응답자'는 요구를 받은 쪽이었다. 이 실험에서 상호 반응성을 뒷받침하는 결과가 나왔다. 연인 사이에서 오랜 기간 서로 신뢰를 쌓아 온 사람은 그렇지 않은 사람에 비해 상의하는 과정에서 상대방의 요구와 목표에 협조하고 수용하는 경향을 보였다. 또한 협조적, 수용적 전략은 연인 관계에서 현재 상대방에게 가지는 신뢰를 높이는 것으로 나타났다.

연인을 신뢰할 수 있을까

연인이 신뢰할 만한 사람인지 불안해 하는 것도 터무니없는 걱정은 아니다. 노스럽, 슈워츠, 위트가 저술한 『다른 커플은 어떻게 사랑하고 있을까The Normal Bar』(2013)에 따르면, 남성의 33%와 여성의 19%가 바람을 피웠다고 답했다. 바람은 하룻밤의 외도부터 잦은 정사까지 모두 포함된다. 이와 유사하게 마크Mark, 얀센Janssen, 밀하우센Milhausen의 연구(2011)에 따르면, 남성의 23.2%와 여성의 19.2%가 연인이 있는 상태에서 바람을 피웠다고 말했다. 외도와 관련 있는 요소로는 관계에서 느끼는 불행, 연인과의 불화, 연인과의 성적 불만족(남자의 경우에만 해당)이 있다고 연구자들은 말했다.

배신에 대한 사람들의 반응은 타고난 것일까

이 질문의 답은 외도에 관한 진화론으로도 설명할 수 있다. 진화론에 따르면, 외도는 종의 번식과 생존에 성과 관련된 위협을 가하는 신뢰 위반 행위이다. 남성에게 외도는 아이의 아버지가 누구인지에 대해, 그리고 남성과 아이와의 유전적 연관성에 대해 불확실성을 키우기 때문에 성적 관계의 독점권을 침해하는 행위이다(성적 독점권의 침해). 여성에게 외도는 남성이 자신과 아이에게 필요한 자원을 제공한다는 믿음을 위협하기 때문에 감정적 헌신을 저버리는 행위이다(정신적 외도)(부스Buss, 라슨Larsen, 웨스튼Westen, 세메로스Semmerlroth 참고, 1992). 샤켈포드Shackelford, 부스, 베넷Bennett은 여성에 비해 남성이 연인의 정신적 외도보다 성적 외도를 더 용서하기 힘들어 한다는 연구 결과(2002)를 내놓았는데, 이는 진화론적 견해를 뒷받침한다. 이와는 대조적으로 여성은 남성에 비해 성적 외도보다 정신적 외도를 이유로 현재의 연인 관계를 끝낼 확률이 더 높았다. 진화론적 관점에서 보면, 성적 배신에 대한 반응은 타고난 것이며 자신의 생물학적 성별과 관련되어 있다.

상대방의 배신과 부부 관계 스트레스에
어떻게 대처해야 할까

———

일부일처제를 오랫동안 유지하고 싶은 사람들이 외도 경험에 대한 수치를 보면 불편할 수 밖에 없다. 그리고 현대 사회에서는 연인 관계로 인한 스트레스와 압박감이 크기 때문에 연인에 대한 헌신과 연인의 의도에 대한 확신이 약화되고 결국엔 연인에 대한 신뢰마저 흔들린다. 연인들은 어떻게 해야 할까? 우선, 결혼을 비롯한 많은 관계에서 외도를 견뎌 내는 것을 볼 때(노스럽, 슈워츠, 위트 참고, 2013) 외도가 반드시 관계의 끝을 불러온다고 말할 수는 없다.

하논Hannon, 러스벌트Rusbult, 핀켈Finkel, 카마시로 Kamashiro의 연구(2010)에서는 배신을 겪었지만 관계나 결혼을 유지할 수 있는 한 가지 방법을 제시한다. 하논 등 (2010)은 우리 사회에 만연해 있는 보복의 원칙이 배신의 해결에 걸림돌이 되고 있다고 지적한다(예컨대 눈에는 눈, 이에는 이라는 식으로 대응하는 것). 이것은 피해야 할 방법이다. 연구에서는 다음과 같은 일련의 행동을 통해 배신이 긍정적으로 해결될 수 있다고 말한다.

(1) 배신의 가해자는 변화된 모습을 보이려는 의지를 보인다.

(2) 신뢰를 저버린 것에 대한 진심 어린 사과를 한다.

(3) 배신의 피해자는 상대방이 신뢰를 저버린 것에 대해 기꺼이 용서한다.

(4) 두 사람은 과거를 뒤로 묻어 두기 위해 자발적으로 노력한다.

이러한 과정은 결코 간단한 일이 아니므로(하논 등 참고, 2010), 믿을 만한 결혼 상담을 활용해 보는 것도 좋을 것이다. 결혼 생활의 압박감에 관해서는 머레이와 홈즈(2009)가 설명한 부부 관계의 신뢰에 관한 상호 반응성 모델을 활용해 보는 것도 도움이 될 것이다.

배신과 속임수를 알아챌 수 있을까

성인들은 다른 사람과 소통할 때 상대방의 거짓말을 잘 알아채지 못한다. 설사 알아챈다 하더라도 우연히 알게 되는 확률을 넘는 경우는 거의 드물다(3장 참고). 배우자나 연인

이 배신할지도 모른다는 생각에 그들의 모든 행동을 감시하는 사람도 있을지 모른다. 배신의 현장을 잡기 위해서다. 이 전략이 실용 가치가 있는지는 지켜볼 일이다. 그렇지만 심리적 관점에서 볼 때 감시하는 행위 자체가 상대방에 대한 불신을 암시하기 때문에 연인 관계의 신뢰를 약화시킨다(마셜Marshall, 베자니안Bejanyan, 디 카스트로Di Castro, 리 참고, 2013).

이 장을 마무리하며

———

이 장은 연인 관계에서 신뢰의 역할을 노골적인 은유로 표현한 『그레이의 50가지 그림자』를 소개하며 시작했다. 그리고 연인 관계와 관련해 애착 이론과 신뢰-애정 접근법에 대한 연구 결과를 살펴보고 그 둘을 비교해 보았다. 또한 진화 이론을 통해 연인 관계의 신뢰가 어디에서 시작되었는지를 설명했다. 마지막으로 연인 관계에서 배신에 대처하는 방법을 소개하며 이 장을 마무리했다.

06

당신은 의사를 믿고 있는가

수술실로 들어가는 경험을 해 본 사람이라면 의학적 치료에서 신뢰가 어느 정도의 역할을 하는지 실감할 것이다. 의사와 현대 의학의 손에 맡겨진 채 무력하게 누워 있는 자신을 보면 그럴 수밖에 없다. 의학이 발달하고 그로 인해 수명이 길어짐에 따라 인간은 점차 전문 의료인에게서 치료를 받는 일이 많아지고 있다. 그러나 인간 삶의 많은 부분이 그렇듯(1장 참고), 현대 사회에서는 전문 의료인에 대한 신뢰와 관련해 논란이 제기되고 있다.

면밀하게 읽어 보라

한 과학 잡지에 "의사에 대한 미국의 신뢰가 추락하고 있다"라는 제목의 머리기사가 실렸다(《하딩Harding》, 2014). 이 기사의 상당 부분은 블렌든Blendon, 벤슨Benson, 요아힘Joachim, 히어로Hero가 작성한 보고서(2014)를 토대로 하고 있다. 이들은 1966년부터 2014년까지 미국의 의사와 의료계 지도자들에 대해 대중이 갖는 신뢰를 조사한 과거의 여론 조사 자료를 검토했다. 또한 2011년 3월부터 2013년 4월까지 국제 사회 조사 프로그램International Social Survey Programme, ISSP의 일환으로 29개국에서 시행한 조사 결과도 분석했다. 이 보고서에 따르면, 미국 의료계 지도자들에 대한 대중의 신뢰가 지난 50년 동안 가파르게 하락했다. 1966년에는 미국인의 75%가 의료계 지도자들에 대해 강한 확신을 가지고 있다고 답했으나, 2012년에는 34%만이 그렇다고 답했다. 보고서에 의하면, 의료 보험 제도에 대한 대중의 확신은 현재 낮은 수준이다. 23%만이 의료 보험 제도에 상당한 확신이나 꽤 큰 확신을 표현했다. 그럼에도 불구하고 보고서에서는 의사의 진실성에 대한 현재의 신뢰가 높다고 발표했는데, 대중의 69%가 의사 전체의 정직성과 윤리 규범을 '매우 높거나', '높다'고 평가했다. 이와 동일한 맥락에서, 미국 성인의 약 60%가 "모든 것을 고려할 때 [조사 대상 국가의] 의사는 신뢰할 수 있다."라는 항목에 동의했다. 이 항목에 동의한 성인의 비율이 미국보다 더 높은 국가도 일부 있었다. 미국 성인은 자신이 받은 의료 서비스의 질에 매우 만족했고, 환자 만족도에서 조사 대상국 중 3위를 차지했다. 이와 같이 신뢰와 관련된 연구에서 엇갈린 결과가 나타나는 이유 중 하나는 미국에서 의료 보험 제도가 전 국민에게 보급되지 않았기 때문이라고 연구자들은 말했다.

앞서 소개한 잡지 기사의 내용처럼 미국에서 의사에 대한 신뢰는 하락하고 있을까? 내 생각에는 그렇지 않다! 여기에서는 이 기사를 믿어서 생기는 문제에 주목하는 것이 중요하다. 좀 더 정확한 견해를 갖기 위해서는 1차 자료를 읽어 봐야 한다. 그것도 아주 면밀하게 검토해야 한다. 그렇게 해도 잡지 기사와 1차 자료는 다음의 두 가지 문제점을 드러낸다.

첫째, 기사와 자료를 살펴보면 의사에 대한 신뢰를 측정하는 적절한 척도가 무엇인지에 대해 혼동이 있음을 알 수 있다. 잡지 기사(《하딩》, 2014)와 블렌든 등(2014)이 작성한 보고서에는 '신뢰', '확신', '진실성'과 같은 서로 다른 용어가 다수 포함되어 있다. 보통의 경우에는 이 단어들이 직관적으로 이해가 되겠지만, 응답자들에게 이 단어들은 어떤 의미였을까? 응답자들은 동일한 것을 측정한 것일까? 내 관점에서 답하자면, 이 단어들의 의미는 불확실하고 모두가 동의어도 아니다. 분명한 사실은 환자 만족도와 의사에 대한 신뢰가 별개라는 점이다.

둘째, 보고서는 의사에 대한 신뢰와 의료 시스템 및 의료계 지도자들에 대한 신뢰를 혼동하고 있다. 의학적 치료는 의료계 지도자, 의료 시스템(사회 의료 보장 대 비사회 의료 보장), 병원, 치료 센터, 치료 센터의 고문 의사와 의료진과 간호사, 주치의가 복잡하게 연결된 다층적 구성체이다(필그림Pilgrim, 토마시니Tomasini, 바실레브Vassilev 참고, 2010). 의학적 치료에서 신뢰의 역할은 정말로 복잡하다! 그 자체로 중요성을 띠는 의료적 신뢰(지도자, 시스템 등)의 영역은 광범위하지만, 이 장에서는 심리 연구에서 널리 다루어지는 의사와 간호사에 대한 신뢰에 초점을 맞출 것이다.

일반화된 타인을 신뢰하면 건강이 좋아질까

연구에 따르면, 타인에 대한 일반화된 신뢰가 낮은 사람은 (1장의 일반화된 신뢰 참고) 오래 살지 못하는 경향이 있다. 베어풋Barefoot 등(1998)은 44~80세 사이인 100명의 성인을 대상으로 일반화된 신뢰(로터의 일반화된 신뢰 척도), 심리적 안녕, 삶에 대한 만족, 기능적 건강(스스로 평가하는 건강과 일과)을 평가하는 척도를 적용해 조사를 실시했다. 그리고 그로부터 14년 후에 이들의 사망률을 조사했다. 그 결과, 일반화된 신뢰가 낮으면 심리적 적응에 서투르고(특히 부정적인 감정), 기능적 건강이 좋지 않고(심리적 적응과 건강 기능 저하 두 가지가 동시에 발생하거나 후자가 나중에 야기되는 것 둘 다 해당), 조기 사망률이 높은 것(기능적 건강이 통계상으로 통제가 된 경우에도 조기 사망률은 분명히 높았다)으로 나타났다. 연구자들은 낮은 일반화된 신뢰가 나쁜 건강 상태와 높은 조기 사망률과 연관이 있다고 주장했는데, 이는 사회적 지지의 부족, 냉소주의, 질병에 대한 신체 면역력 저하, 필요한 의학적 치료를 꺼려 하는 성향의 결과로 보인다. 눔멜라Nummela, 라이비오Raivio, 우텔라Uutela(2012)는 남핀란드 주에서도

이와 비슷한 연관성을 발견했으나, 이는 남성에게만 국한된 결과였다.

성인이 의료 종사자를 신뢰하면 건강이 좋아질까

———

여러 연구에 따르면, 성인이 의사에 대해 갖는 신뢰는 의학적 치료의 성공과 관련이 있다. 톰Thom과 그의 동료들(톰, 크래비츠Kravitz, 벨Bell, 크루팟Krupat, 아자리Azari, 2002; 톰, 리비슬Ribisl, 스튜어트Stewart, 루크Luke, 스탠퍼드 신뢰 연구 의사The Stanford Trust Study Physicians, 1999)에 따르면, 성인의 의사 신뢰 척도Trust in Physicians Scale 점수와 관련 있는 요소로는 응답자가 직접 보고한 의사와의 관계 지속성, 약물 복용 준수, 의사에 대한 만족도, 의사 진료에 대한 만족도, 의사의 충고를 따르려는 의지, 2주 후 증상 완화가 있었다. 의사에 대한 성인의 신뢰를 측정하는 데 다른 척도를 사용한 연구에서도 성인의 신뢰와 일부 건강 관련 척도 사이에 이와 비슷한 관련성이 드러났다(버크하우어Birkhäuder 등 참고, 2017).

의학적 치료와 대한 신뢰 항목에서 인종별 차이가 나타

나는지에 관심을 가진 학자들도 있었다. 이들은 특히 HIV 치료에서 인종에 따른 차이를 발견했는데(사하Saha, 제이콥스Jacobs, 무어Moore, 비치Beach 참고, 2010), 백인보다 흑인이 항레트로바이러스 치료antiretroviral therapy, ART를 받을 확률이 더 낮았다. 사하 등(2010)은 백인보다 흑인이 의사에 대한 신뢰가 낮기 때문에 AIDS 치료율이 더 낮을 것이라고 말했다. 이 연구에서는 환자 1,327명(흑인 1,104명)에게 (1) 의사에 대한 신뢰도 (2) 환자 삶의 질 (3) 환자와 의사 간 상호 작용의 질 (4) 항레트로 바이러스 치료를 받았는지 여부(임상 기록과 대조 검토)에 대해 평가하도록 했다. 또한 환자의 임상 기록을 통해 CD4 림프구 수치도 알아냈다. 그 결과, 백인들에 비해 흑인들은 의사에 대한 신뢰도가 낮았고, 항레트로 바이러스 치료를 받을 확률이 낮았고, 항레트로 바이러스 치료를 준수할 확률이 낮았으며, 바이러스가 억제될 가능성도 낮았다. 또한 의사에 대한 신뢰는 항레트로 바이러스 치료에 대한 준수와 관련이 있었다. 의사를 전적으로 신뢰하는 흑인은 항레트로 바이러스 치료의 준수에 있어서 백인과 비슷한 태도를 보였다. HIV 치료에서 흑인과 백인 간의 인종 차이는, 부분적으로 의사에 대한 흑인의 낮은 신뢰와 그로 인한 항레트로 바이러스 치료에 대한 준수 불이행으로 인해 나타난 결과라고 연구자들은 말했다.

아동과 청소년이 의료 종사자를 신뢰하면 건강이 좋아질까

———

이 질문에 대한 답은 의사와 간호사에 대한 아동과 청소년의 신뢰를 조사한 나와 내 동료들의 연구를 통해 제시할 수 있다. BDT 체계에 따라 우리는 아동(약 10세)에 대한 연구를 바탕으로 일반의에 대한 아동의 신뢰 척도Children's Trust in General Physicians Scale(이하 CTGPS; 로텐버그 등, 2008)와 일반 간호사에 대한 아동의 신뢰 척도Children's Trust in General Nurses Scale(이하 CTGNS; 로텐버그, 우즈, 베츠, 2015)를 개발했다. 분석을 통해 CTGPS와 CTGNS가 신뢰의 세 가지 기반(신용, 감정적 신뢰, 정직)을 측정했다는 사실을 확인했다. 예상대로 CTGPS(특히 감정적 신뢰 하위 척도) 점수는 아동이 의사를 얼마나 신뢰하는지에 대한 응답과 아동이 처방된 의료 요법을 준수하는 정도와 관련이 있었다. 후자의 결과는 의사에 대한 신뢰가 치료를 준수할 확률을 높인다는 원칙을 뒷받침했다. CTGNS 점수는 간호사에 대한 아동의 '두려움'이 아닌 '신뢰'와 관련이 있었다. 마지막으로 CTGNS는 부모가 아이들과 병원을 방문한 빈도수에 영향을 받았다. 후자의 결과는 아동이 간호사와 더 많이 교류할수록 간호사를 더 많이 신뢰한다는 가설을 뒷받침한다. 전체적으로 볼 때 이러한 결과는 의료 종사자(의사와 간호사)에 대한 아동의 신뢰가 육체적 건강을 증진시킨다는 결론에 힘을 실어 준다.

배우자를 신뢰하면 건강이 좋아질까

이 질문에 대한 답은 슈나이더, 코네인Konijn, 라이거티Righetti, 러스벌트(2011)의 연구에서 찾을 수 있다. 26세의 기혼자를 대상으로 신뢰-애정 신뢰 척도(렘펠 등, 1985, 5장 참고), 육체 건강 척도(33가지 잠재적 건강 문제), 정신 건강(우울과 불안) 척도를 적용해 연구를 시행했다. 6개월간 연속적으로 진행되는 연구가 다섯 차례에 걸쳐 실시되었다. 그 결과, 배우자에 대한 신뢰가 높으면 장기적으로 봤을 때 스스로 건강하다고 느끼게 될 확률이 높아졌다. 그리고 이러한 결과는 배우자에 대한 신뢰가 건강의 이유가 될 수 있다는 결론을 뒷받침한다. 더욱이 연구 결과에 따르면, 신뢰와 건강의 관계는 정신 건강(낮은 불안과 우울)의 영향도 받았는데, 이는 신뢰가 정신 건강을 증진시키기 때문에 부분적으로 건강도 좋아졌다는 결론을 뒷받침한다.

신뢰가 섭식 장애에 미치는 영향은 무엇일까

비만은 영국과 미국은 물론 전 세계에서 유행병처럼 여겨진다(흐루비Hruby, 후Hu, 2015). 비만만큼 널리 퍼지지는 않았지만, 거식증, 과식증, 폭식증과 같은 섭식 장애는 여전히 심각한 문제이다. 신체 질량 지수가 85% 미만이고 음식 섭취를 심각하게 혹은 선택적으로 제한한 경우에 거식증으로 진단된다. 폭식증은 폭식과 구토를 고의적으로 반복하며 음식 섭취를 제한하려는 의도가 보일 때 진단된다. 스무살이 될 때까지 여성의 15%는 이 세 가지 섭식 장애 중 한 가지를 겪는다(스타이스Stice, 마티Marti, 로데Rohde, 2013). 이러한 장애를 겪는 남성의 비율은 여성의 절반 정도이다.

모든 종류의 섭식 장애는 정신 건강과 신체 건강에 위협적이다. 비만은 심장병과 당뇨병의 발병률을 높이고(얀Yan 등, 2004) 우울증과 같은 정신적 문제를 일으킬 확률을 높인다(파파도풀로스Papadopoulos, 브레넌Brennan, 2015). 거식증, 과식증, 폭식증을 가진 사람은 정신적 문제(예컨대 우울증과 외로움)를 겪고 자살 충동을 느끼는 경향이 있는 것으로 나타났다(페어번Fairburn, 해리슨Harrison, 2003),

나와 내 동료들은 사회적 위축 증후군Social Withdrawal Syndrome, SWS에 관한 연구의 일환으로 섭식 장애와 건강과 관련한 신뢰의 역할을 조사했다. 사회적 위축 증후군은 타인에 대한 낮은 신뢰, 타인에게 자신을 드러내지 않으려는 성향, 극심한 외로움이 일관된 양상을 보이는 것을 말한다. 우리는 한 연구를 통해 초기 성년에게서 보이는 폭식 증상이 가까운 타인(엄마, 아빠, 친구)에 대한 낮은 신뢰, 그들에게 개인적인 정보 공개를 꺼리는 성향, 높은 수준의 외로움과 관련이 있다는 것을 알아냈다(로텐버그 등, 2013). 신체 질량 지수를 활용하여 자료를 재분석한 결과, 비만인 사람도 사회적 위축 증후군의 양상을 보였다(로텐버그, 바라티, 데이비스, 핀치, 2017). 또 다른 연구에서는 가까운 사람(엄마, 아빠, 친구)에 대한 신뢰가 낮은 초기 청소년(11~12살)은 5개월에 걸쳐 폭식 증상이 심화될 것으로 예측되었다(로텐버그, 승가Sangha, 2015). 이것은 낮은 신뢰와 외로움 간의 관련성이 부분적으로 작용한 결과였다. 종합적으로 볼 때, 이 연구 결과는 폭식증과 비만이 사회적 위축 증후군과 관련이 있다는 가설을 뒷받침한다. 또한 연구를 통해 우리는 사회적 위축 증후군으로 인해 섭식 장애를 가진 사람들은 심리적, 신체적 건강상의 문제를 겪을 위험에 놓였고, 자신의 섭식 문제와 감정적 문제에 관한 정보를 의료진에게 공개하지 않았으며, 이로 인해 이들이 치료 받을 확률은 낮아졌다고 결론을 내렸다.

전문 의료진을 지나치게 신뢰하면 문제가 생길까

전문 의료진에 대한 신뢰도가 높은 사람은 지나치게 수동적이고, 잘 속아 넘어가고, 의료 종사자와 교류를 잘 하지 않게 되어 결국 적절한 치료를 받을 확률이 낮아진다고 말하는 사람도 있다. 이러한 주장을 제기하는 사람들은 의료 및 건강 관련 교육과 정보가 환자에게 제공되어야 환자가 자율권을 갖고 적절한 치료를 받을 확률이 증가한다고 주장한다(필그림, 토마시니, 바실레브 참고, 2010). 그러나 의료 종사자들에 대한 신뢰와 건강 행위가 곡선적 관계curvilinear relationship에 있다는 것을 발표한 연구자들은 아직 없다. 이 문제에 대한 고무적인 접근법 중 하나는 의사와 환자가 맺는 작업 동맹이다. 이 동맹에는 의사와 환자 사이의 공감, '신뢰', 의사 결정 공유가 수반된다. 의사와 환자 사이 작업 동맹은 환자의 치료법 준수 정도, 만족도, 호전된 환자 상태와 연관이 있었다(푸에르트Fuertes, 토포로브스키Toporovsky, 레예스Reyes, 오즈번Osborne, 2017). 이러한 결과는 의사에 대한 환자의 신뢰와 의사와 환자의 공동 의사 결정이 잘 어우러지면 최적의 건강 상태가 될 수 있다고 해석 가능하다.

이 장을 마무리하며

———

이번 장에서는 일반화된 신뢰, 전문 의료진에 대한 신뢰, 연인에 대한 신뢰가 건강(장수, 처방된 치료법에 대한 준수 등)과 관련이 있음을 보여 주는 연구를 살펴보았다. 또한 HIV 치료와 의사에 대한 신뢰에 있어서 분명하게 드러나는 인종별 차이는 물론, 섭식 장애와 신뢰 부족의 관련성에 대해서도 다루었다. 마지막으로 의사와 환자 간 작업 동맹이 의학적 치료에 있어 신뢰와 공동 의사 결정을 잘 조화시킨다는 점에서 중요하다고 설명했다.

07

경찰은 믿음직한가

32세의 흑인 남성 필란도 카스티야Philando Castile는 자신의 차 안에서 미네소타 경찰관이 쏜 총에 맞았다. 그가 총에 맞는 동영상은 당시 차 안에 같이 있던 그의 여자 친구에 의해 페이스북에 생중계되었다. 카스티야는 허가받은 총기를 가지고 있다고 경찰관에게 말하고 자신의 지갑에 손을 뻗었다. 총상은 결국 죽음으로 이어졌다. 동영상을 보면 경찰관이 카스티야에게 움직이지 말라고 말한다. 카스티야가 두 손을 위로 들어올리자 경찰관은 그의 팔에 네 발에서 다섯 발의 총을 쏜다. 이런 사건은 미국에만 국한된 일이 아니다. 매년 경찰에 의해 사망하는 미국인 수는 상당하다. 이 장을 쓰는 지금까지 사망자 수는 807명에 이르며 대부분은 소수 집단에 속한 사람들이다(2015년 가디언 뉴스 Guardian News 참고). 미국에서 경찰에 의해 살해된 사람들은 현재 공개 웹사이트(http://killedbypolice.net/)에 기록되고 있다. 미국에서는 이제 법이 개정되어 경찰이 분기별로 이러한 살해 사건을 보고하도록 의무화하고 있다(가디언 뉴스, 2016). 카츠Katz(2015)는 미국에서 경찰 행정 감찰관이나 경무 수사국과 같이 현행 법률 체계에서 독립된 기관이나 집단이 경찰에 의한 살해 사건을 기소해야 한다고 주장한다.

경찰과 주민의 관계가 얼마나 심각한지 알 수 있는 또 다른 사건이 있다. 2016년 7월 7일 목요일 저녁, 댈러스의 벨로 가든 공원에서 열두 명의 경찰관이 두 저격수의 총에 맞았다. 다섯 명이 사망하고 일곱 명은 부상을 입었다. 이 사건은 경찰이 흑인 남성 두 명을 살해한 것에 항의하는 집회가 열린 후에 일어났다. 그 여파로 경찰의 소수 집단, 특히 흑인 남성 살해에 항의하는 가두시위가 미국에서 벌어지고 있다(http://edition.cnn.com/2016/07/10/us/black-lives-matter-protests/ 참고). 경찰에 대한 신뢰는 아마도 현재 미국에서 가장 논란이 되는 문제일 것이다. 전 세계적으로도 점차 이 문제가 대두되고 있다는 증거도 있다.

앞서 언급한 사건들을 보면, 경찰에 대한 대중의 신뢰가 사회 질서 유지에 반드시 필요하다는 견해에 주목하게 된다. 타일러Tyler와 후오Huo(2002)에 따르면, 경찰과 같은 사법 당국에 대한 신뢰는 사법 당국이 내리는 결정과 그들 자신이 법을 얼마나 잘 지키는지에 달려 있다. 이러한 신뢰가 없으면 사회는 법 위반과 불법 행위가 난무하게 되며, 경찰은 법 집행 의무를 이행하는 데 어려움을 겪게 된다(골드스미스Goldsmith, 2005; 선샤인Sunshine, 타일러, 2003). 이런 점에서 경찰관은 현대 사회에서 가장 스트레스가 많은 직업 중 하나이다(오르테가Ortega, 브레너Brenner, 레더Leather 참고, 2007). 그러나 경찰관의 스트레스는 앞으로 더 커질 수도 있다.

이 사건들이 보여 주는 만큼 경찰에 대한 신뢰가 낮을까

———

대중이 경찰을 얼마나 믿는지에 대한 견해는 상당히 다양한데, 특히 미국에서는 더욱 그렇다. 맥나마라McNamara

(2012)는 미국에서 경찰에 대한 신뢰가 매우 높다고 주장한 반면, 윌리엄스Williams(2010)는 미국에서 경찰에 대한 신뢰는 낮으며 그 원인은 주로 경찰의 만행 때문이라고 주장한다(이 장의 서문 참고). 누구의 말이 맞을까? 이 질문에 답하기 전에 몇 가지 알아 두어야 할 사항이 있다. 첫째, 심리학 연구자들은 측정값이 절대 값을 가진다고 주장하지 않는다. 오히려 측정값을 상대적인 척도로 여기기 때문에 비교가 가능하다고 말한다(예를 들면, 신뢰가 더 낮은지 혹은 더 높은지). 두 번째 중요한 문제는 신뢰를 측정하는 방식이다. 경찰에 대한 대중의 신뢰를 조사한 연구에서 사람들에게 자신의 '신뢰' 혹은 '확신'과 관련해 단 한 번의 판단을 내리게 했는데, 이 단어들의 의미는 불확실하다. 더구나 이 단어들의 뜻은 개인과 문화마다 의미하는 바가 다를 가능성이 크다.

이러한 한계를 염두에 두고 다음의 연구 결과를 살펴보자. 영국 내무성Home Office이 발표한 2009~2010년 영국 범죄 조사British Crime Survey에 따르면, 영국에 거주하는 사람 46%만이 경찰에 대한 확신을 가지고 있었다. 데릭 프랄Derek Prall(2014)은 OECD 회원국이면서 민주주의 국가에 거주하는 고소득층 성인 약 1,000명을 대상으로 갤럽이 실시한 전화 인터뷰의 조사 결과를 발표했다. 미국인이 지역 경찰에 대해 갖는 확신은 조사 대상 국가 중 중간 정도에 머물렀는데, 구체적으로 전체 국민 중 78%가 경찰에 대한 확신이 있다고 답했다. 라틴 아메리카 국가에서 경찰에 대한 신뢰(확신)는 낮았는데, 이는 증가하는 범죄율(특히 범죄의 희생자가 되는 것)과 미흡한 정치적, 경제적 성과 때문이었다(코르바초Corbacho, 필리프Philipp, 루이스-베가Ruiz-Vega, 2015; 제이미슨Jamison, 2011). 러시아에서는 경찰에 대한 국민의 확신이나 신뢰가 매우 낮았으며, 이는 뇌물 수수, 부당한 대우, 권력 남용과 같은 경찰 내 비리 때문인 것으로 나타났다(세무키나Semukhina, 레이놀즈Reynolds, 2014).

카리아이넨Kääriäinen(2007)은 사람들에게 개인적으로 경찰을 얼마나 신뢰하는지 평가하게 한 2004년 유럽 사회 조사European Society Survey를 분석했다. 16개국의 표본 자료를 분석한 결과, 경찰에 대한 신뢰가 높은 상위 네 개 국가는 핀란드, 덴마크, 노르웨이, 스웨덴으로 모두 북유럽 국가였다. 그다음으로는 독일, 룩셈부르크, 오스트리아, 영국과 같은 중서 유럽 국가였다. 경찰에 대한 신뢰가 가장 낮은 국가는 체코 공화국, 폴란드, 슬로베니아와 같은 주로 탈사회주의 국가였다. 연구에 따르면, 경찰에 대한 신뢰와 통계적으로 관련 있는 요소는 (관련성이 높은 순서대로) 사람들이 인식하는 부패 정도, GNP에서 복지비가 차지하는 비중, 날이 저문 후 동네에서 혼자 다닐 때 안심할 수 있는 정도였다. 흥미롭게도 경찰에 대한 신뢰와 절도를 당할지도 모른다는 우려 사이에는 눈에 띄는 연관성이 없었다. 국가별로 경찰에 대한 신뢰도가 (통계적인 측면에서) 차이 나는 주된 원인은 사람들이 인식하는 부패 정도 때문이었다.

경찰은 얼마나 부패했을까

―――

경찰의 50가지 범행 기록을 부호화한 포터Porter와 워렌더Warrender(2009)의 연구를 보면 이 질문에 대한 답을 얻을 수 있다. 이들은 분석을 통해 경찰 내에서 세 가지 유형의 일탈 행위를 찾았다. 첫 번째는 경찰 범죄, 두 번째는 대의를 위한 위법 행위였으며, 마지막은 부패였다. 경찰 범죄에는 경찰들이 주도적으로 행하는 범죄 행위만 포함되었다. 이러한 행위를 하는 이유로는 개인적인 이익을 얻기 위해서가 가장 많았다. 연구자들이 지적했듯이, 부패와 관련된 객관적인 정보는 얻기가 힘들다. 사법 당국과 경찰관들이 동료의 일탈 행위를 보고하려 하지 않기 때문에 정보 접근이 제한된 탓이다. 다른 연구에서는 이른바 '침묵의 규약code of silence'이 존재한다는 것을 알아냈는데, 이는 경찰관이 동료 경찰관의 범죄 행위를 보고하지 않으려는 것과 관련 있다(이브코빅Ivkovic, 피콕Peacock, 하버펠드Haberfeld, 2016).

정의와 신뢰는 어떤 관계일까

타일러와 그의 동료들(타일러, 2015; 선샤인, 타일러, 2003)은 절차적 정의 및 정당성과 관련하여 경찰에 대한 신뢰를 조사했다. '절차적 정의'는 경찰이 공정한 방식으로 결정을 내리고 권한을 행사한다고 사람들이 믿는 정도를 말한다. '정당성'은 경찰의 권한에 대한 확신을 의미한다. 이 접근법에 따르면, 경찰(과 법원)이 내리는 법적 결정과 행동이 공정하고 정당하다고 여겨질 때 사람들은 이것을 받아들인다. 타일러와 그의 동료들(타일러, 2001)에 따르면, 미국의 다수 집단과 소수 집단이 경찰(과 법원)을 신뢰한다고 인식하는 것은 경찰의 공정한 처우를 포함한 절차적 정의에 대한 그들의 인식과 관련이 있었다.

경찰 조직 내의 신뢰와 절차적 정의 간의 관계를 조사한 연구도 있다. 숄리힌Sholihin과 파이크Pike(2010)에 따르면, 고위 경찰관이 상관에게 갖는 신뢰(상관과 자유롭게 문제를 논의한다 등)는 절차적 정의에 대한 경찰들의 인식 및 경찰직에 대한 헌신과 관련이 있었다. 더욱이 절차적 정의와 헌신의 관계는 상관에 대한 신뢰의 영향을 받았다. 상관에 대한 신뢰는 경찰직에 대한 헌신에 영향을 미쳤고, 따라서 경찰이 인식하는 절차적 정의와 경찰직에 대한 헌신 사이의 관계에도 (부분적으로) 영향을 준 것이다.

경찰에 대한 대중의 신뢰에는 인종적 편견이 존재할까

여러 연구에 따르면 미국에서 경찰에 대한 신뢰는 인종과 관련이 있다. 소수 집단(특히 흑인)은 다수 집단에 비해 경찰에 대한 신뢰도가 낮다(맥도널드McDonald, 스토크스Stokes, 2006; 톰프슨Thompson, 칸kahn, 2016). 맥도널드와 스토크스 (2006)는 사회적 자본 벤치마크 조사Social Capital Benchmark Survey 자료를 활용했는데, 이 조사에서는 임의 번호 추출을 통해 미국 거주자 3,003명에게 전화 조사를 시행했다. 지역 경찰에 대한 신뢰도를 3점 만점 기준으로 평가한 사회적 자본 벤치마크 조사에서는 이 밖에도 지역 사회에 대한 신뢰와 시민 참여를 평가하는 항목(이웃에 대한 신뢰 포함)과 인구 통계학적 요소(인종, 수입, 나이 등)도 포함했다. 경찰에 대한 신뢰가 높다고 응답한 사람들은 사회적 자본, 나이, 수입이 모두 높았다. 백인에 비해 흑인은 경찰에 대한 신뢰가 낮다고 응답했고, 다른 변수에 비해 인종이 경찰에 대한 신뢰에 있어서 가장 강력한 통계상의 예측 변수였다. 이러한 결과는 신뢰에 대한 사회적 자본 접근법을 뒷받침한다(1장 참고). 타일러(2001)는 경찰에 대한 신뢰에 인종적 편견이 존재하는 것을 절차적 정의의 측면에서 접근했다. 즉, 경찰에 대한 신뢰에 인종적 차이가 나타나는 이유는 흑인들이 자신에 대한 경찰(과 법원)의 처우가 상대적으로 불공정하다고 느끼기 때문이라고 타일러는 결론을 내렸다.

경찰관이 직무를 수행할 때 인종적 편견이 작용할까

인종적 편견이 존재한다는 사실은 사격수 실험을 활용한 연구에서 어느 정도 나타난다. 사격수 실험에 참가한 사람들은 권총을 사용해 범인을 처리하는 임무를 맡게 된다. 참가자들에게 (잠재적 범인인) 흑인과 백인의 이미지를 보여주는데 이들은 총이나 별 의미 없는 물건(예컨대 휴대폰)을 들고 있다. 참가자들은 1초 내에 대상에게 총을 발사할지 여부를 결정해야 한다. 메카위Mekawi와 브레즌Bresin(2015)이 실시한 메타 분석에 따르면, 사람들은 무기를 든 흑인에게 총을 쏘는 데 더 빠르게 반응했고, 무기를 들지 않은 흑인에게 총을 쏘지 않는 데에는 더 천천히 반응했으며, 흑인에게 총을 쏘는 한계치가 낮았다. 이러한 편견은 경찰관, 지역 사회 주민, 대학생에게서 나타났다. 이 연구는 경찰(은 물론 그 외 사람들)이 잠재적 용의자에게 총을 발사할 때 인종적 편견을 드러낸다는 결론을 보여 준다.

하지만 일부 연구자들은 인종적 편견이 작용하는 사격수 실험의 신빙성에 대해 우려의 목소리를 높인다. 코렐Correll, 허드슨Hudson, 기예르모Guillermo, 마Ma(2014)는 다른 기준을 적용해 실험한 결과 경찰관에게서 이러한 사격수의 편견을 발견하지 못했다. 연구자들은 경찰관이 사격수의 편견을 드러내는 가능성을 줄일 수 있는 요소를 찾아내고, 직무를 이행하면서 관련 없는 신호에는 관심을 갖지 않게 하는 전략을 취하도록 돕는 것이 중요하다고 강조했다.

뉴욕과 같은 대도시 자료를 보면 경찰이 저지르는 위법 행위의 피해자가 흑인인 경우가 비정상적으로 많다(카츠 참고, 2015). 하지만 이것만으로 경찰이 직무를 수행할 때 인종적 편견을 가지고 있다고 최종 결론을 도출할 수는 없다. 중요한 것은 이러한 상황이 지닌 도덕적, 사회적 복잡성을 염두에 두는 것이다. 특히 지금까지 나타난 관계와 반복되는 양상은 경찰과 잠재적 범인(이 둘은 상호적) 사이의 역학은 물론, 소수 집단과 경찰 간의 관계에 대한 감정적인 발언과도 서로 복잡하게 얽혀 있다.

경찰관이 경찰을 신뢰하면 어떤 결과가 나타날까
———

BDT 체계는 경찰의 직무와 관련하여 그들의 신뢰성을 명확하게 평가할 수 있기 때문에 경찰에 대한 신뢰를 평가하는 유용한 방법이다. 경찰 직무에는 주민 보호를 보장하고 (신용에 기반한 신뢰), 목격자의 개인 정보를 비밀로 유지하며(감정적 신뢰에 기반한 신뢰), 범죄 사건을 정확하게 보고하는 일(정직에 기반한 신뢰)이 포함된다. 나와 내 동료들(로텐버그, 해리슨, 리브스Reeves, 2016)은 BDT 체계를 바탕으로 경찰에 대한 신뢰 척도Trust Beliefs in Police scale(이하 TBP)를 개발했다. TBP에 따라 조사에 참가한 사람들은 짧은 글을 보게 된다. 이것은 경찰관이 평소 직무를 이행하면서 신용, 감정적 신뢰, 정직을 보여 줄 수 있는 상황을 묘사한 내용이다. 그리고 조사 참가자들은 경찰관이 이러한 행동을 할 가능성(예상)을 평가한다. TBP에 포함된 항목이 명확하고 구체적이기 때문에 일반성, 추상성, 사회적 타당성으로 인해 측정의 정확도가 떨어질 우려가 없고, 경찰에 대한 신뢰를 평가할 때 다른 척도를 적용할 필요성도 줄어든다.

나와 내 동료들(로텐버그 등, 2016)은 TBP를 활용하여 경찰에 대한 경찰관들의 신뢰를 연구했다. 개인의 입장에서 경찰 전체에 대한 신뢰를 측정하기 위해 경찰관들은 개인의 관점에서 TBP를 작성했다. 또한 일반 대중의 입장에서 경찰에 대한 신뢰를 측정하기 위해 지역 사회의 관점에서 TBP를 작성했다. TBP는 (BDT 체계에 따라) 신용, 감정적 신뢰, 정직이라는 세 가지 유형의 신뢰 척도로 구성되었다. 또한 경찰관들에게 직장에서의 심리적 안녕과 스트레스를 측정하는 표준화된 평가도 시행했다. 경찰관은 일반 대중의 입장일 때보다는 개인의 입장일 때, 정직과 감정적 신뢰를 기반으로 한 경찰에 대한 신뢰가 더 높은 것으로 나타났다. 특히 개인의 관점일 때보다 지역 사회의 관점에서 볼 때 경찰이 감정적인 해를 가하지 않고 정직성을 보일 것이라는 믿음이 더 낮았다. 또한 개인적 입장에서 신용에 기반한 신뢰가 높으면, 경찰관의 심리적 안녕 정도가 높고 직장에서 받는 스트레스는 낮았다. 일반 대중의 입장에서 감정적 신뢰에 기반한 신뢰가 높으면, 경찰관의 심리적 안녕 정도가 높고 직장에서의 스트레스는 낮았다. 종합해 보면, 경찰에 대한 경찰관들의 신뢰가 높으면 직장에서 심리적 안녕 정도가 높고 스트레스는 낮았다.

이 장을 마무리하며

———

이 장에서는 경찰의 총격과 관련하여 논란이 되고 있는 문제와 경찰에 대한 신뢰 정도에 대해 조사한 설문 조사를 살펴보았다. 또한 경찰 내의 부패, 경찰의 인종적 편견, 절차적 정의와 신뢰, 경찰에 대한 신뢰에서 인종적 편견이 있는지에 관한 연구도 다루었다. 마지막으로 경찰에 대한 경찰관들의 신뢰가 그들의 심리적 안녕과 낮은 스트레스와 관련 있다는 연구를 소개하며 이번 장을 마쳤다.

신뢰의 보이는 손과 보이지 않는 손

조직 내에서 신뢰의 역할은 팬터마임에 빗대어 색다르게 생각해 볼 수 있다. 판토라고도 불리는 팬터마임은 영국에서 가족 모두가 즐길 수 있도록 만들어진 뮤지컬 코미디의 한 형태로 무대에서 상연된다. 보통 선과 악의 대결 구도가 나타나고 영웅들이 승리를 거둔다. 영웅 중 한 명은 데임 dame이라 불리는, 여자처럼 차려입은 남자이다. 어느 순간 영웅들은 관객을 마주 보고 일렬로 서거나 앉는다. 악당은 영웅들 뒤에서 뛰어다니다가 무대 옆으로 사라진다. 보통 아이들이 많이 앉아 있는 관중석에서는 "뒤에 악당이 있어요."라는 말이 들리고, 영웅 중 한 명은 "아니요, 악당은 뒤에 없어요."라고 말한다. 악당은 똑같은 행동을 반복한다. 영웅은 주위를 둘러보고 악당이 보이지 않는다며 어디에 있냐고 묻는다. 그때 악당이 다시 나타난다. 이 연속적인 일들이 수차례 되풀이된다. 이러한 시나리오는 팬터마임이라는 코미디의 핵심이며, 보이지 않는 위협과 악에 맞서도록 영웅들을 돕는 관객과 영웅 사이의 상호 작용을 보여준다. 다소 이상해 보이는 이 시나리오는 조직 내에서 나타나는 일부 행동이 보이지 않고, 알아낼 수도 없는 기만행위라는 점에서 조직 내의 신뢰에 비유될 수 있다. 이러한 행동이 직원의 신뢰와 안녕에 심각한 영향을 미치는 것은 당연하다. 팬터마임의 관객처럼 직장에서도 이러한 기만행위를 목격하는 사람이 있을지 모르지만, 팬터마임에서와는 달리 이들은 자신이 목격한 것을 피해 직원에게 적극적으로 알리지 않을 수도 있다.

이 주제에 대해 깊이 논의하기 전에 알아 두어야 할 것이 있다. 조직 내 신뢰에 관한 상당수의 이론과 연구가 기초하고 있는 원리가 있다. 그것은 조직 내에서 직원이 가지는 신뢰가 직원 자신의 심리적 적응과 직장에서의 성과는 물론 고용주와 조직의 성공에도 기여한다는 것이다(쿡Cook, 월Wall, 1980; 파이Paillé, 보르도Bourdeau, 갈루아Galois, 2010). 이 원리는 직장에서의 신뢰에 관한 연구의 주요 전제 중 하나이다.

보이지 않는 손

직장에서의 신뢰와 관련하여 보이지 않는 손의 역할은 배런Baron과 노이만Neuman(1996)의 연구에서 나타난다. 이 연구의 기반이 되는 원리는, 사람들이 타인에게 해를 입히는 동시에 자신에게는 가능한 최소의 위험만을 가하는 효과적인 공격 행동을 취한다는 것이다. 이 연구에서는 직장에서 일어나는 대부분의 공격이 은밀하게 이루어질 것으로 예상했다. 즉, 가해자가 정체를 숨기기 때문에 피해자는 자신이 겪은 피해가 의도적으로 계획된 것인지에 대한 확신이 서지 않는다. 그래서 직장에서 사람들은 언어적(행위보다는 말로 피해 주기 등), 소극적(특정 행위를 하지 않음으로써 피해 주기 등), 간접적(다른 사람을 통해 피해 주기 등) 공격 행동을 주로 행할 것이고, 같은 이유에서 물리적(직접적인 행동을 통해 피해 주기 등), 적극적(특정 행위를 함으로써 피해 주기 등), 직접적(피해자에게 직접적으로 피해 주기 등) 공격 행동은 많이 하지 않을 것으로 예상했다.

이 연구에서는 공공 조직과 민간 조직에 근무하는 직원 78명을 대상으로 여러 유형의 공격 행동을 목격하고 직접 경험한 빈도를 조사했다. 예상대로 언어적 공격이 물리적 공격보다 더 빈번히 일어났고, 소극적 공격이 적극적 공격보다 더 자주 발생했다. 그러나 예상과는 달리 직접적인 공격이 간접적인 공격보다 더 자주 일어났다. 이러한 양상은 직접 경험한 공격 행동과 목격한 공격 행동 모두에서 동일하게 나타났다. 이 결과는 공격이 언어적, 소극적으로 가해지는 한 직원들은 어느 정도 은밀한 공격 행동을 보일 가능성이 높다는 결론을 뒷받침한다. 그리고 직접적 공격은 피해자에게 더 큰 피해를 입히기 때문에 간접적 공격보다 더 효과적으로 여겨질 수 있다고 연구자들은 추측했다.

이러한 가설들을 뒷받침하는 또 다른 연구는 배런, 노이만, 게디스Geddes(1999)가 시행했는데, 기업에서 근무하는 직원들은 직장에서 공공연한 공격 행동보다 은밀한 공격 행동을 더 많이 한다고 이 연구는 보고했다. 이러한 공격 행동은 직원이 상사와의 관계에서 인지하는 부당함과 관련이 있었다. 직원들은 하급자와 조직보다 동료나 직속 상관을 공격할 가능성이 가장 높았다.

BDT 체계의 관점에서 볼 때(1장 참고) 주목해야 할 점은 직장 내에서 다음과 같은 공격 행동들이 일어난다고 직원들이 응답했다는 사실이다. 목표 대상에 대한 거짓 소문을 부인하지 않거나(언어적-소극적-간접적), 목표 대상에 대한 거짓 소문을 퍼뜨린다(언어적-적극적-간접적). 혹은 다른 사람에게 목표 대상의 의견을 폄하하거나(언어적-적극적-간접적), 목표 대상의 안녕이나 안전을 보호할 수 있는 조치를 취하지 않는다(물리적-소극적-간접적). 또 목표 대상을 회의의 마지막에 순서를 배정하여 차례가 돌아가지 않게 하는 것처럼 목표 대상이 자신을 표현할 기회를 줄이는(물리적-소극적-직접적) 등이 이에 속했다. BDT 체계에 따르면, 이러한 유형의 공격 행동은 신뢰할 수 없는 행동(약속 파기, 비밀 파기, 부정직)이며, 따라서 직장에서의 신뢰를 약화시킬 수 있다. 직장은 어쩌면 위험한 곳일지도 모른다. 팬터마임에서와 같은 질문을 직장에 던진다면, "맞아요, 악당은 당신 뒤에 있어요."라는 답이 돌아올지도 모른다.

신뢰는 위험을 감수하게 한다

———

사회 교환 이론과 관련 연구에서는 조직 내에서 관찰되거
나 목격되는 행동을 조사한다(1장 참고). 메이어, 데이비스,
슈어만(1995)은 조직 내 신뢰를 다음과 같이 정의했다.

> 한 당사자가 상대 당사자의 행동으로 인해 취약해질 수
> 있음을 감수하는 것이다. 상대 당사자를 감시하거나 통
> 제할 수 있는 능력과는 상관없이, 상대 당사자가 신뢰를
> 보여 준 당사자에게 중요한 특정 행동을 수행해 줄 것이
> 라는 기대를 바탕으로 한 행위이다(p. 712).

이 연구자들의 개념적 모델에 따르면, 직장에서 한 당사
자의 신뢰와 신뢰 행동은 자신의 신뢰하는 성향(예를 들면,
다른 사람들이 약속을 지킬 것이라고 믿는 성향)과 상대 당사자
의 신뢰성(능력, 선행, 진실성)을 인식한 결과로 나타난다. 능
력을 인식한다는 것은 상대 당사자가 특정 분야에서 기술,
능력, 전문 지식을 지녔음을 인식하는 것을 말한다. 선행을
인식한다는 것은 상대 당사자가 자신에게 도움을 주려는

행동을 할 것이라고 믿는 정도를 말한다. 마지막으로 진실성을 인식한다는 것은 상대 당사자가 신뢰할 수 있는 소통을 하고 강한 정의감을 보이고 말을 행동으로 실천하는 것과 같이 일련의 타당한 원칙을 고수하고 있음을 인식한다는 것이다. 한 당사자의 신뢰는 직장에서 기꺼이 위험에 처할 수 있다는 것인데, 이는 결국 직장 내의 특정 상황에서 위험을 감수하는 신뢰 행동으로 나타난다. 이후 수정된 접근법에서 슈어만, 메이어, 데이비스(2007)는 신뢰가 비록 늘 한결같지는 않을지라도 두 당사자가 서로 기꺼이 위험을 감수할 수 있다는 태도를 말한다고 주장했다(예컨대, 지도자와 구성원 간 교류).

직장 내 신뢰에 대한 위험 감수 접근법을 뒷받침하는 연구는 증가하고 있다. 그중 하나는 14개 보험 회사의 보험설계사 126명을 조사한 탠Tan과 림Lim(2009)의 연구이다. 연구 결과, 직원이 가지는 세 가지 신뢰성 성향(능력, 선행, 진실성)이 통계적으로 동료들 사이에서 그들의 신뢰를 키운다는 사실이 확인되었다. 또한 통계적으로 볼 때 신뢰는 조직에 대한 헌신과 직장에서의 실적을 예측할 수 있는 요소였다. 이 접근법은 종적 연구에 의해 더 큰 힘을 받고 있다. 페린Ferrin, 블라이Bligh, 코일스Kohles(2008)는 사람들이 인식한 신뢰성과 직장 동료 간 협조 사이에는 시간이 지남에 따라 서로 급상승하는 상호 관계가 존재한다는 것을 알아냈다.

위험 감수의 개념이 경영자와 고용자의 관계에 미치는 영향에 대해 실험한 연구자들도 있다. 메이어와 데이비스(1999)는 유사 실험에서 미국 중서부에 위치한 노동조합이 없는 소규모 플라스틱 제조업체 직원들을 대상으로 사내에서 자연스럽게 생겨난 직원 집단들의 차이를 조사했다. 직원들은 14개월에 걸쳐 세 차례의 설문 조사를 받았다. 연구자들은 이 기간 동안 직원에 대한 새로운 평가 시스템을 시행하게 했다. 이 시스템에 따라 관리자와 직원은 회의를 하게 된다. 회의에서 관리자는 직원에게 기대하고 바라는 행동과 고용 성과(예컨대 투명한 전략)를 구체적으로 설명하고 직원의 평가를 조정했다. 연구가 진행되는 동안 일부 직원(연구 참가자)은 새로운 시스템에 의해 평가를 받았고, 일부는 그렇지 않았다. 직원들은 자신이 인식한 경영진의 신뢰성(능력, 선행, 진실성)과 경영진에 대한 신뢰를 표준화된 척도에 기준하여 응답했다. 마지막으로 직원들은 관리자가 자신에게 내린 평가의 정확성(직원이 인식한 정확성)과, 업무 성과가 급여 인상이나 승진과 같이 바람직한 조직 내 결과로 이어진다는 믿음(수단성)에 대해 답했다.

조사 결과, 직원들이 인식하는 관리자의 신뢰성(능력, 선행, 진실성), 관리자에 대한 신뢰, 직원들이 인식하는 정확성과 수단성 사이에는 연관성이 존재했다. 이는 위험 감수의 개념을 뒷받침하는 결과였다. 뿐만 아니라, 새로운 경영 관리 시스템의 변화를 경험한 직원들은 관리자의 신뢰성, 관리자에 대한 신뢰, 스스로 인식하는 정확성과 수단성이 시간이 지남에 따라 증가하는 것으로 나타났다. 이러한 증가는 새로운 경영 관리 시스템을 경험하지 않은 직원들에게서는 나타나지 않았다. 이 연구는 투명한 경영 전략을 활용하면 관리자의 신뢰성에 대한 직원의 확신과 관리자에 대한 신뢰를 상승시킬 수 있고, 이는 결국 직장 내에서의 좋은 성과가 승진과 연결될 것이라는 확신을 강화한다는 주장을 뒷받침한다.

보이는 신뢰와는 또 다른 손, 정의

사회적 교환 연구의 한 분야에서는 조직 내의 신뢰와 관련하여 정의의 역할을 강조한다. 관련 연구에서 정의는 다음의 세 가지로 구분된다. 구성원들이 인식하는 결과의 공정성을 일컫는 배분적 정의, 분배가 이루어지는 절차를 말하는 절차적 정의, 예의, 정직, 존중 같은 소통 과정과 관련된 관계적 정의이다(코언-캐러쉬Cohen-Charash, 스펙터Spector, 2001). 코언-캐러쉬와 스펙터(2001)가 190개 연구를 메타 분석한 결과에 따르면, 직원이 조직에 가지는 신뢰는 실제로 직원들이 인식하는 절차적 정의, 배분적 정의, 관계적 정의와 관련이 있었다. 또한 상관에 대한 신뢰는 직원들이 인식하는 절차적 정의 및 배분적 정의와 강한 연관성을 보였다.

다음으로 연구자들은 구성원들이 인식하는 정의의 원리를 경찰 조직 내의 신뢰에 적용했다(7장 참고). 트링크너Trinkner, 타일러, 고프Goff(2016)에 따르면, 자신의 상관과 동료가 절차적으로 공정하다고 생각하는 경찰관은 자신의 상관에 대한 큰 신뢰를 보였으며, 상관을 따라야 한다는 의무감도 더 크게 느꼈다. 자신의 상관과 동료가 절차상 불공정하다고 여기는 경찰관은 보편적 세상과 자신이 근무하는 지역 사회에 대해 심리적, 감정적 고충과 냉소주의, 불신이 심화된 수준으로 나타났다.

이 장을 마무리하며

―

이 장에서는 직장과 관련해 신뢰의 보이지 않는 측면과 보이는 측면을 함께 살펴보았다. 직장에서 신뢰의 보이지 않는 측면은 배런과 그의 동료들의 연구를 통해 설명했고, BDT 체계에 따라 해석했다. 직장 내에서 신뢰의 보이는 측면은 사회적 교환 및 절차적 정의와 관련된 이론과 연구를 통해 설명했다.

09

정치인은 벌거벗은 임금님

한스 크리스티안 안데르센Hans Christian Andersen이 1837년에 쓴 『벌거벗은 임금님』은 자신의 옷을 과시하는 데에만 관심 있는 허영심 많은 임금님에 관한 이야기이다. 이 이야기에서 두 명의 직공은 임금님을 위해 가장 멋진 최고의 옷을 만들겠다고 한다. 그리고 이들은 무능하거나 아주 명청한 사람의 눈에는 보이지 않는 천으로 옷을 지었다고 주장한다. 사실 이 옷은 존재하지 않지만, 임금님은 자신이 무능하거나 명청하다고 여겨지는 것이 두려워 옷을 입는 척 행동한다. 신하들도 같은 이유에서 새 옷이 보이는 척한다. 임금님은 새 옷을 입고 도시를 가로질러 백성들 앞에서 행진한다. 백성들도 마찬가지로 무능하거나 멍청해 보이고 싶지 않아 옷이 보이는 시늉을 한다. 그때 무리 중 한 꼬마가 불쑥 임금님은 벌거숭이라고 말해 버리고, 다른 사람들도 그제서야 꼬마의 말에 수긍한다. 임금님도 그 말이 사실인 것을 알지만 행진을 계속한다. 이 이야기는 연극과 영화로도 만들어져 오랜 세월 많은 사람들에게 즐거움을 주고 있다.

간단하게 말하면, 『벌거벗은 임금님』은 속임수에 넘어간 지도자를 묘사한 이야기이다. 사람들의 시선과 자존심을 중시하는 임금님과 신하, 백성들로 인해 이 속임수는 계속된다. 모두가 합의한 이 속임수는 사회적 압력에 무지한 어린아이에 의해 도전을 받는다. 현대의 정치 권력과 지도자를 이 이야기에 빗댈 수도 있다. 정치 지도자는 각료들과 손잡고 국민을 기만하는 정책을 만들고, 그 정책은 사회적 소통을 통해 국민의 동의를 얻는다. 기만적 소통과 행동의 진실성은 꼬마로 비유되는 야당이나 깨어 있는 언론에 의해 시험대에 오를 수 있다. 『벌거벗은 임금님』은 현재의 정치와 정부를 정확하게 반영하는 것일까? 이 이야기는 정치에 진실 같은 것은 없다는 '매우' 냉소적인 시각을 대변한다. 아마도 호주와 미국에서 보여지는 정치적 냉소주의가 이러한 시각을 지니고 있을 것이다(리Leigh 참고, 2002).

민주주의의 몰락

———

어느 정도의 정치적 냉소주의가 정치의 건전성을 유지하는 데 필요하다고 말하는 사람도 분명 있다. 하지만 대다수의 저자들은 민주주의가 작동하려면 정치인과 정부에 대한 신뢰가 바탕이 되어야 한다고 말한다(워런Warren 참고, 1999, 2004). 민주주의 국가에서 정부에 대한 국민의 신뢰가 부족하면 국민은 정치 과정에 참여하지 않고, 정부 정책도 따르지 않는다(개런Garen, 클라크Clark, 2015). 정부에 대한 신뢰는 사회적 자본으로 인식되며, 여러 형태의 시민운동 중에서도 특히 국민의 정치 참여를 이끌어 내는 동력이다(1장 참고). 이 장에서는 정치인과 정부에 대한 국민의 신뢰에 영향을 미치는 요인과 국민의 신뢰로 인한 영향을 다룬 심리학적 연구와 자료를 살펴볼 것이다.

정치인과 정부에 대한 신뢰는 다층적인 문제이다. 이러한 신뢰는 BDT 체계의 두 가지 신뢰 대상 범위에 의해 부분적으로 설명될 수 있다(1장 참고). 여기에서 첫 번째 신뢰 대상 범위는 특정성으로, 특정한 대상에서 일반적 대상의 범위를 말한다. 두 번째는 친밀성으로, 약간 친밀한 대상에서 매우 친밀한 대상까지의 범위를 말한다. 예를 들어, 일부 정치 학자들이 내린 결론에 따르면 의회에 대한 국민들의 신뢰도는 사상 최저인 반면 자신이 지지하는 의원에 대한 신뢰는 상당히 높다(피셔Fisher, 판 헤이르더van Heerde, 터커Tucker, 2010). 또한 지도자(대통령이나 수상 등)에 대한 신뢰는, 지도자가 속한 정당이나 같은 정당 소속 의원들에 대한 신뢰와는 통상적으로 다르다(로텐버그 참고, 2016). 또 다른 연구에 따르면, 정부의 유형(민주주의 등)에 대한 국민들의 신뢰는 현 정부에 대한 신뢰와는 뚜렷이 구분된다(쉬프만Schiffman, 텔렌Thelen, 셔먼Sherman, 2010). 다시 말해, 신뢰의 대상이 중요한 고려 사항인 것이다.

신뢰에 여러 형태나 유형이 있다고 주장하는 연구자들도 있다. 피셔, 판 헤이르더, 터커(2010)는 신뢰에는 전략적 신뢰, 도덕적 신뢰, 심의審議적 신뢰의 세 가지 유형이 있다고 말했다. 이들은 여론 조사 기관 유고브YouGov의 주간 온라인 영국 옴니버스 조사weekly online British Omnibus survey (1,753명 대상으로 2007년 7월에 실시)와 영국 선거 연구를 지속적으로 모니터링하는 패널British Election Study Continual Monitoring Panel(1,018명 대상으로 2009년 3월에 실시)에서 취합한 자료를 기반으로 가설을 세우고 연구를 진행했다. 이 연구에는 각 유형의 신뢰를 평가하기 위해 다음을 포함한 열세 개의 질문이 포함되어 있다. 모든 것을 감안했을 때, 정치인이 약속을 이행한다고 할 수 있는가(전략적 신뢰), 정치인들이 나와 같은 목표와 가치를 가지고 있는가(도덕적 신뢰), 정당들은 정치 자금 제공자가 아닌 지지자를 대변하는가(심의적 신뢰) 등과 같은 질문이다. 조사 참가자들은 정당과 정치인에 대한 신뢰를 11점 만점으로 평가했다. 그 결과, 위에서 언급한 여러 유형의 신뢰를 평가하는 항목들을 통해 정부에 대한 개인의 신뢰를 통계적으로 예측할 수 있다는 결론이 나왔다. 이는 정치 영역에서 여러 형태의 신뢰가 존재한다는 연구자들의 가설을 뒷받침하는 것이었다.

정부에 대한 신뢰는 국민의 행동에 영향을 미칠까

———

이 질문에 답하기 위해 마틴Martin(2010)은 2007년 호주 선거 연구Australian Election Study 자료를 활용했다. 이 연구에서는 국민이 정부에 갖는 신뢰를 측정했다. 과반수 이상의 국민이 정부를 신뢰하지 않는다는 태도를 보였으며, 구체적으로 응답자의 58%가 정부 각료들이 대개 혹은 때때로 자신의 잇속을 챙긴다고 답했다. 이와는 대조적으로, 응답자의 43%만이 정부가 대개 혹은 때때로 옳은 일을 한다고 믿는다고 답했다. 마지막으로 응답자의 15%만이 정부에 대해 가장 큰 신뢰(정부는 주로 옳은 일을 한다고 믿음)를 보였다. 이 연구 결과는 호주 국민이 정치적 냉소주의를 가지고 있는 것으로 해석할 수 있다. 정치인에 대한 신뢰도가 낮으면 민주주의에 대한 긍정적인 태도가 감소하고, 투표가 강제적이지 않을 때 투표율이 떨어지며, 항의하는 형태의 행동(시위 참가 등)을 통해 불만을 표현하는 사례가 증가한다. 이러한 연구 결과는 정부에 대한 신뢰가 민주주의 발전에 기여한다는 주장을 뒷받침한다.

호황과 불황이 신뢰에 미치는 영향

———

많은 민주주의 국가에서 1960년대 중반 이후로 정치적 신뢰가 하락하고 있다는 증거가 있다(블라인드Blind, 2007). 쳉Cheng, 바이너Bynner, 위긴스Wiggins, 스쿤Schoon(2012)은 이러한 하락 추세가 전 세계적인 현상이라고 주장했다. 정치적 신뢰의 변화와 정치적 신뢰에 영향을 주는 요인에 대해서는 헤더링턴Hetherington과 루돌프Rudolph(2008)가 연구한 바 있다. 이들은 1976년부터 2006년까지 시계열 분석time series analysis을 시행하여 미국에서 정치적 신뢰에 영향을 미치는 요인에 대해 조사했다. 정부에 대한 신뢰는 '정부는 옳은 일을 할 것'이라고 말한 응답자들의 답변으로 평가되었다. 전반적으로 정부에 대한 신뢰는 시간이 지남에 따라 하락했다고 연구자들은 보고했다. 그러나 국제적 사안(테러리즘, 국가 안보, 전쟁, 중동의 위협 등)이 위급하다고 생각될 때에는 국민의 정치적 신뢰가 상승했다. 그리고 경제에 문제가 있다(불황기 등)고 생각될 때에는 정치적 신뢰가 하락했다. 호황기라 하더라도 경제가 좋다고 여기는 사람이 상대적으로 적으면 경제에 대한 불안감으로 인해 정치적 신뢰가 하락하는 것으로 나타났다. 경제 호황이 정치적 신뢰도에 미치는 긍정적인 영향은 비교적 약하기 때문에 경제 불황으로 인한 부정적인 영향을 상쇄하지 못하며, 결과적으로 정부에 대한 국민의 신뢰가 감소한 것이다. 이 결과는 미국 대중이 정치인을 벌거벗은 임금님으로 바라보기 시작했다는 것을 시사하는지도 모른다.

정치 스캔들도 정부 신뢰에 영향을 미칠까

워터게이트 사건이 터진 것은 약 50년 전이다. 이 고통스러운 정치 여정은 1971년 5월 28일 민주당 선거 운동 지휘 본부가 있던 워터게이트 호텔에서 일어난 도청 사건에서 시작해 1974년 8월 9일 리처드 닉슨Richard Nixon 대통령의 사퇴까지 이어졌다. 헤더링턴과 루돌프(2008)에 따르면, 정부의 스캔들(클린턴 대통령의 탄핵 절차 등)은 시대를 불문하고 정부에 대한 신뢰를 하락시키는 예측 인자이다. 그러나 그 영향은 경제 및 국제적 사안이 정부에 대한 신뢰에 미치는 영향만큼 크지는 않았다. 미국 외의 국가에서도 정부의 스캔들이 정부에 대한 신뢰에 부정적인 영향을 미친다는 증거가 있다. 이소탈루스Isotalus와 알몬카리Almonkari(2014)가 시행한 질적 연구에 따르면, 핀란드에서 있었던 정치 스캔들이 정부에 대한 국민의 신뢰에 부정적 영향을 미쳤다.

정치인을 믿을 수 있게 하는 요인

——

2016년 미국 대통령 선거 기간 동안 대통령 후보자들의 신뢰성이 드러나는 일이 있었다. 정치인의 신뢰성에 대한 인식은 여러 연구의 핵심이자 언론의 논의 주제였다(콜버트 Kolbert, 2016). 일명 브렉시트Brexit로 알려진, 영국이 유럽 연합에 남아야 하는지 떠나야 하는지를 결정하는 캠페인 기간 동안 많은 정치인들이 신뢰성에 의심을 받았다(로텐버그, 2016).

정치인들에게 가장 중요한 것은, 모든 사안에 대해 자신의 견해를 지지하도록 유권자들을 설득하고 궁극적으로는 이들이 자신에게 투표하도록 만드는 것이다(콤스Combs, 켈러 Keller, 2010). 정치인들이 의사소통을 하는 목적은 공교롭게도 어린이와 어른이 거짓말을 하게 되는 상황과 일치한다 (2장 참고). 실제로 정치인들은 다른 사람들을 즐겁게 하고 인정받기 위해 과장된 형태의 허위 긍정을 보인다. 이로 인한 영향을 약화시키는 한 가지 방법은 정치인이 자신의 이익에 반하는, 심지어 반대 진영 정치인의 의견과도 양립 가능한 방식으로 소통하는 것이다. 콤스와 켈러(2010)의 연구가 이 원리를 뒷받침한다. 이 연구에서는 자신의 이익에 반하는 의사를 표명하는 정치인은 일반적인 기대를 (긍정적인 방식으로) 깨뜨리기 때문에 이들의 신뢰성에 대한 인식이 향상된다는 전제를 세웠다.

이 연구자들은 세 개의 연구를 실시했다. 그중 첫 번째 연구에서는 대학생들에게 후보자 한 명(존 딕슨이라는 이름의 허구 정치인)의 홍보물을 읽게 했다. 이 후보자는 상대 후보자(데이비드 헌터라는 허구 정치인)를 강도 높게 비판했다. 홍보물은 데이비드 헌터가 거짓말쟁이이며 그가 제시한 정책은 국가 경제에 손상을 입힐 것이라는 내용이었다. 대학생들은 세 그룹으로 나뉘어 각각 이에 대한 데이비드 헌터의 세 가지 반응(세 반응 모두 처음부터 상대방 주장을 일축함) 중 한 가지를 읽었다. 데이비드 헌터의 첫 번째 반응에서는 존 딕슨의 도덕적 가치를 계속해서 공격했고(반격), 두 번째 반응에서는 자신의 경제 정책을 칭찬했으며(자화자찬), 마지막 반응에서는 존 딕슨의 정책이 자신의 정책과 일치한다고 칭찬하고 만약 자신이 선출되면 이 정책을 정부에 건의하겠다고 약속했다(상대방 칭찬). 대학생들은 후보자가 상대방에 반격을 가할 때보다 칭찬할 때 더 신뢰할 수 있다(신뢰성, 진실성, 정직 등을 보인다)고 판단했고 후보자에게 투표할 가능성도 높아지는 것으로 나타났다. 뿐만 아니라, 신뢰성의 인식은 투표 양상에도 일부분 영향을 미치는 것으로 나타났다. 콤스와 켈러(2010)가 실행한 세 가지 연구 또한 다음과 같은 결론을 뒷받침한다. 자신의 이익과 반대되는 행동을 하고 긍정적 방향으로 예상을 깨뜨린다고 생각되는 정치인을 사람들은 신뢰하고 그들에게 투표한다. 내가 생각할 때 이 결론은, 정치인이 이러한 행동을 하면 거짓말로 다른 사람을 속인다고 여겨질 가능성이 낮아진다는 원리와도 일맥상통한다.

BDT 체계를 이용한 정치인 신뢰도 조사

BDT 체계에 따라 나와 나의 동료들은(로텐버그, 비어브라우어Bierbrauer) 정치인에 대한 신뢰를 조사했다. 우리는 정치인에 대한 신뢰 척도Trust in Politicians, TP를 개발했는데, 이 척도는 정치인들이 잠재적으로 보여 주는 세 가지 유형의 행동을 묘사한 시나리오로 구성되어 있다. 세 가지 행동은 신용(선거 운동 중에 말한 공약 이행 여부 등), 감정적 신뢰(정부 관료에게 전달된 정보에 대한 기밀 유지 등), 정직(정부 지출에 대해 사실대로 말하기 등)과 관련이 있다.

우리는 대학생들에게 정치인에 대한 신뢰 척도를 적용하여 연구했다. 그 결과, 예상한대로 신뢰 척도는 세 가지 유형의 신뢰(신용, 감정적 신뢰, 정직)로 이루어져 있었다. 또한 대학생이 지닌 정치인의 정직성에 대한 신뢰는 노동당에 투표하려는 마음과 관련이 있었다.

이 장을 마무리하며

─────

이 장은 『벌거벗은 임금님』과 오늘날 정치인에 대한 신뢰 부족으로 인해 생기는 결과에 대한 논의로 시작했다. 정부에 대한 신뢰는 민주주의에 필수다. 이러한 신뢰가 국제적 사안과 경제 문제, 정치 스캔들의 영향을 받는다는 결론을 뒷받침하는 연구들을 검토해 보았다. 또한 대중을 위해서는 자신의 이익도 저버릴 수 있는 행동과 같이, 정치인이 신뢰할 만하다는 인식에 기여하는 요소들에 대해서도 살펴보았다. 마지막으로 BDT 체계를 바탕으로 정치인에 대한 신뢰를 조사한 연구에 대해 설명하면서 이 장을 마무리했다.

10

쌍둥이 빌딩 테러와 그 후

9/11 테러를 비롯한 테러 행위

2001년 9월 11일 알카에다 테러리스트가 납치한 비행기
가 뉴욕의 쌍둥이 빌딩을 공격한 장면을 누가 잊을 수 있
을까? 후에 알카에다는 테러 공격이 자신들의 소행이라고
밝혔다(2015년 11월 14일 CNN 참고). 9/11 테러의 끔찍한 기
억은 나를 비롯한 수백만 사람들의 마음속에 아로새겨져
있다. 실제로 쌍둥이 빌딩의 이미지는 하나의 아이콘이 되
었고, 이후 발생한 테러 행위들의 비극적 상징처럼 여겨지

고 있다. 9/11 테러 이후 발생한 테러 사건은 다음과 같다. 2004년 3월 11일 아침 마드리드의 통근 열차에서 알카에다의 소행으로 보이는 테러 공격이 발생해 191명이 죽고 약 2천여 명이 다쳤다. 2015년 11월 13일 금요일, 파리에서 일어난 테러 공격으로 130명이 사망하고 368명이 부상을 입었다. 이후 이라크 레반트 이슬람 국가Islamic State of Iraq and the Levant, ISIL는 이 테러 공격들을 자신들이 주도했다고 주장했다(CNN, 2015). 2016년 3월 22일 화요일, 브뤼셀에서 발생한 테러 공격에서는 31명이 죽고 300명이 다쳤는데, 이 역시 ISIL의 소행인 것으로 보인다.

테러리즘에 관한 이번 장은 다음의 전제와 가설을 바탕으로 한다. 첫째, 테러리즘은 불신과 공격성이 집중된 독특한 형태의 전쟁이다. 재래식 전쟁은 양측이 공개된 충돌 상황에서 대면하는 것이다. 재래식 전쟁에서는 적을 염탐하는 상황을 제외하면, 신원 확인이 가능한 군인들이 참여하여 직접적인 대립으로 인한 결과를 감수한다. 이와는 대조적으로, 테러리즘은 속임수, 거짓말, 파괴적 악의와 같이 신뢰할 수 없는 행동과 선동적인 공격성이 결합한 것이다. 이러한 형태의 전쟁에서 주요 목표물은 아무 준비가 안 된

무방비 상태의 시민들, 즉 무고한 희생자들이다.

둘째, 외к집단에 대한 불신이 상당수 테러 행위를 조장하고 구체화한다는 가설이다. 외집단 불신은 자신과 다른 집단으로 여겨지는 타인에 대해 사람들이 갖는 불신을 말한다. 이러한 외집단은 보통 자신과는 인종, 종교, 정치적 신념, 경제적 신념이 다르다고 인식된다(체임버스Chambers, 멜니크Melnyk, 2006; 보치Voci, 2006). 앞의 전제를 바탕으로 세워진 세 번째 전제에 따르면, 테러가 발생한 국가에서는 국가 외부에 있는 집단(테러리즘과 관련된 국가와 잠재적인 이민자 등)과 내부에 있는 집단(이주한 이민자와 소수 인종 등)에 대한 외집단 불신이 증가한다.

여기에서 주목해야 할 점은 테러리즘 가해자들은 보통 군복을 입지 않고 분명한 지휘 계통이 없는 경우가 많기 때문에 이들의 정체나 소속을 알아내기 어렵다는 것이다. 특정 테러리스트 집단이 테러 사건을 자신들의 소행이라고 선언하더라도 이는 집단의 대의명분에 대한 지지를 얻기 위한 거짓말일 수 있다. 특정 테러리스트 집단이 테러 행위를 저질렀다는 증거가 속속 드러나더라도 분명한 지휘 계통이 없으면 그 사건이 특정 테러 조직의 소행이라는 사실은 모호해질 수 있다. 테러 조직의 악명만으로도 이후 발생할 연속적인 사건들을 자신의 소행인 듯 유도할 수 있는데, 이러한 악명이 소위 자기 충족적 예언으로 작용하기 때문이다. 테러 행위가 인종, 정치적 조직(알카에다 등)에 의해 자행되었다고 사람들이 예상하는 것만으로도 외집단 불신과 집단 간 적대 행위가 발생할 수 있다. 그리고 이는 또다시 원래 가지고 있던 편향된 기대를 강화하게 될 것이다. 이 주제에 대한 연구를 검토할 때에는 이러한 문제를 반드시 주의 깊게 고려해야 한다.

테러리즘 관련 문제에서 핵심이 되는 것은, 신뢰가 경쟁적이거나 대립적이지 않고 협조적이고 유익한 결과들로만 귀결되는지 여부이다. 다양한 접근법에서 신뢰는 협조적이고 유익한 결과들에 의해 좌우되거나 이러한 결과를 촉진한다고 전제한다(1장의 사회적 자본, 게임 이론, 사회적 접촉과 교환 이론 참고). 그러나 일부 연구에서는 신뢰와 협력이 별개의 구성체이며 상호 관련이 있을 뿐이라고 말한다(8장 참고). 전쟁 중에 상대편이 아무리 약속을 잘 지키고 신뢰가 가는 행동을 할지라도 상대를 '**진정으로**' 신뢰할 수 있다고 생각할 가능성은 낮을 것이다. 모든 재래식 전쟁에서 대립

국가들 사이에 신뢰는 제한된다. 상대편이 외집단이므로 어느 정도는 나쁜 의도를 가지고 있다고 보기 때문이다. 그러나 테러리즘이 지닌 공격성은 기만, 거짓말, 파괴적인 악의로 규정되기 때문에 진정으로 악한 행동이다.

사회 정체성 관점에서 보는 9/11과 다른 테러들

타즈펠Tajfel과 그의 동료들(타즈펠 참고, 1981)이 정립한 사회 정체성 이론은 테러리즘에 대한 한 가지 통찰력을 제시한다. 사회 정체성 이론에 따르면, 사람은 타인을 내집단(우리)과 외집단(그들)으로 범주화하는 자연스러운 성향을 지닌다. 내집단은 외집단에 부정적인 특징을 부여하는 동시에 내집단의 긍정적인 측면을 부각함으로써 스스로를 외집단과 구분하려 한다. 사회 정체성 이론은 최소 집단 패러다임minimal group paradigm을 통해 검증된 있다. 빌리그Billig와 타즈펠(1972)은 한 무리의 아이들을 대상으로 또래의 다른 아이들에게 보상을 하게 했다. 이 또래 중 일부에 대해서는 그들과 똑같은 그림을 좋아한다(내집단)고 설명했고, 다른 아이들에 대해서는 그런 설명을 하지 않았다. 이에 더해 이 또래 아이들을 그들과 같은 집단(내집단)에 속하거나 그들과 다른 집단(외집단)에 속한다고도 설명했다. 아이들은 외집단 또래보다 내집단 또래에게 더 많은 점수나 돈을 주어 높은 수준의 내집단 편애를 보였다. 이후에도 사회 정체성 이론은 여러 연구자들에 의해 다듬어지고 확대되었다(데그너Degner, 에시엔Essien, 라이하르트Reichardt, 2016).

　이와 유사한 내집단 대 외집단에 대한 성향은 서로 다른 인종, 종교, 정치 집단처럼 자연스럽게 생겨난 관계에서 확실히 드러난다(터너Turner, 호그Hogg, 오크스Oakes, 라이허Reicher, 웨더렐Wetherell, 1987). 사람들은 내집단 구성원에 비해 외집단 구성원(예를 들면 다른 인종, 문화, 정치적 성향)을 더 신뢰할 수 없다고 인식한다(체임버스, 멜니크, 2006; 보치, 2006). 나와 내 동료들(로텐버그, 세르다Cerda, 1994)은 캐나다 원주민 초등학생들과 원주민이 아닌 초등학생들 모두에게서 외집단 불신을 확인했다. 아이들은 가상의 아이에 대해 자신과 같은 인종일 때보다 다른 인종일 때 약속과 비밀을 더 잘 지키지 않고 정직하지도 않을 것이라고 믿었다. 외집단 불신의 양상은 여러 인종이 섞여 있는 학교보다 같은 인종만 집중된 학교에 다니는 아이들에게서 더 강하게 나타났다. 이러한 연구 결과는 다른 인종과의 사회적 접촉이 그들에 대한 신뢰를 높인다는 원리를 뒷받침한다(마샬Marschall, 스톨레Stolle 참고, 2004).

체임버스와 멜니크(2006, 연구 2)가 시행한 연구에서는 대학생들의 정치적 성향과 관련해 외집단 불신이 어떤 역할을 하는지 보여 준다. 이 연구에 따르면, 민주당을 지지하는 대학생은 자신과 같은 정치적 성향의 대학생에 비해 공화당을 지지하는 대학생이 정직하지 않고 신뢰성이 떨어지는 등의 부정적인 특징을 가지고 있다고 여길 확률이 높았다. 이와 비슷하게, 공화당을 지지하는 대학생도 자신과 같은 정치적 성향의 대학생에 비해 민주당 지지자인 대학생이 부정적인 특징(정직하지 않고 신뢰할 만하지 못하다)을 가지고 있다고 여겼다. 뿐만 아니라, 대학생들은 실제로 다른 것보다 서로 더 많이 다르다고 인식했고, 상대방과의 의견 차이도 더 크다고 인식했다. 또한 이러한 의견들이 자신이 가진 신념의 핵심이라고 인식했지만 이는 실제보다 과장된 생각이었다. 체임버스와 멜리크(2006)는 인종 차별과 적대감이 외집단 불신, 가치 차이에 대한 과장된 인식, 각자가 지닌 가치 핵심에 대한 과장된 생각이 합쳐져 나타난 결과물이라고 주장했다.

다양한 인종이 섞여 있는 환경에서 살면 다른 인종과의 사회적 접촉이 늘어나 외집단 구성원에 대한 신뢰가 강화될 수 있다. 마샬과 스톨레(2004)의 연구가 이 가설을 뒷받침하는데, 이 연구에서는 디트로이트에서 이웃의 인종적 이질성(인종이 뒤섞인 지역 사회)이 흑인의 일반화된 신뢰에 긍정적인 영향을 미친다는 결과가 나왔다. 여러 인종이 뒤섞인 이웃과 사는 흑인은 단일 인종만 모여 있는 이웃과 사는 흑인보다 타인에 대한 일반화된 신뢰가 더 높았다.

9/11 이후, 테러가 정부 신뢰에 미친 단기적 영향

이 장에서 '영향'이라는 단어에 인용 부호를 붙인 이유는 9/11 테러와 같은 단일 사건의 경우 발생 원인과 그로 인한 결과를 확실하게 파악하기가 매우 어렵기 때문이다. 이것은 관련 연구를 살펴볼 때 반드시 염두에 두어야 할 사항이다. 이 주제에 관한 연구들은 전국적인 여론 조사(미국 선거 연구American National Election Studies 등) 자료를 활용했는데, 이러한 조사에서는 국민들에게 정부에 대한 신뢰(정부가 옳은 일을 할 것이라는 믿음)를 등급별로 평가하게 했다. 연구 결과는 정부에 대한 미국 국민의 신뢰가 9/11 테러 이후 상승했다는 결론을 어느 정도 뒷받침했다. 정부에 대한 신뢰는 2001년 3월 29%에서 2001년 9월 말에 64%까지 상승했다(챈리Chanley, 2002; 스코치폴Skocpol, 2002). 이러한 현상은 사람들이 생존에 대한 위협을 인식할 때 정부에 대한 지지도가 반등한다는 것으로 설명될 수도 있고(우즈Woods 참고, 2011), 외집단 불신의 영향으로 설명될 수도 있다. 9/11 테러로 인해 미국인들의 내집단 동일시(우리 대 그들) 정도가 일시적으로 증가했고, 그 결과 미국 국민과 미국 정부로 구성된 내집단에 대한 신뢰가 강화되었을 것이다.

다소 도발적인 주장이긴 하지만, 음모론에 빠진 사람들은 정부 기관과 대표들이 9/11 테러를 공모하거나 도왔다고 주장한다. 이들은 정부가 자국민의 자유를 억압하고 해외 전쟁 개입(아프가니스탄과 이라크 등)을 용이하게 하려는 목적으로 테러를 저질렀다고 믿는다. 스와미Swami, 차모로-프레무직Chamorro-Premuzic, 퍼넘Furnham(2010)은 영국인

254명을 조사한 결과, 9/11 테러와 관련된 음모론을 믿는 사람들은 다른 음모론도 믿는 경향이 있으며, 이들이 9/11 테러 음모론자의 생각에 많이 노출되어 있음을 알아냈다. 이뿐만 아니라, 이러한 사람들은 권위에 대한 저항의 정도와 정치적 냉소주의가 높게 나타났고 남에게 동조하는 성향은 낮았다. 이 연구에서는 9/11 테러와 관련된 음모론을 믿게 하는 요인으로 여러 의견에 대한 사회적 노출과 반항적 성격을 꼽았다.

9/11 이후, 정부 신뢰에 미친 장기적 영향

9/11 테러 이후 3~5개월간 정부에 대한 신뢰가 높게 유지되긴 했지만, 그 기간은 오래가지 못한 것처럼 '보인다.' 브루어Brewer, 어데이Aday, 그로스Gross(2005)는 2001년부터 2002년까지 미국 국민 1,235명으로 이루어진 일차 표본을 대상으로 세 차례에 걸쳐 신뢰에 대한 조사를 진행했다. 그 결과, 정부에 대한 미국인의 신뢰는 9/11 테러 이전 수준 혹은 그보다 낮은 수준으로 되돌아갔다.

테러 행위가 타인에 대한 신뢰에 끼치는 영향

———

이 장의 주된 가설을 뒷받침하듯, 9/11 테러 이후 다른 국가와 다른 인종에 대한 신뢰가 하락했음을 보여 주는 여러 사건이 있었다. 브루어, 어데이, 그로스(2005)는 국제적인 신뢰(예컨대 다른 국가가 미국에 도움을 줄 것이라는 믿음)가 감소했다는 것을 알아냈다. 9/11 테러 이후 미국과 유럽에서는 이민자를 반대하는 편견이 증가했다는 보고가 있다(시오바누Ceobanu, 에스칸델Escandell, 2008). 증거가 많지는 않지만, 9/11 테러와 이후 여러 테러 사건이 발생한 다음 미국과 다른 서양 국가에서 이슬람교도에 대한 증오 범죄가 증가하고 있는 것으로 보인다(아로라Arora 참고, 2013; 부시먼Bushman, 보나치Bonacci 참고, 2004). 9/11 테러로 인해 국가와 인종 간 갈등이 불거졌다는 사실은 참사 발생 이후 서양 국가에서 안보 조치를 확대한 것을 보면 알 수 있다. 예상대로 여행자, 통신, 국제 금융 거래를 감시하고 보호하는 사례가 증가했다. 또한 일부 저자는 9/11 테러 이후 외국인의 권리가 축소된 것을 주목했는데, 이 문제는 윤리적인 우려를 낳고 있다(크레포Crépeau, 히메네스Jimenez, 2004).

편견을 측정하는 명확한 척도들이 지닌 문제점은 그 의
도가 너무 뻔히 드러난다는 사실이다. 편견을 갖는 것은 사
회적으로 바람직하지 않으므로 사람들은 이 척도에 드러
난 편견을 인정한다고 밝히길 꺼린다. 이러한 이유로 사회
심리학자들은 사회적 타당성의 영향을 받지 않는, 편견에
대한 암시적 실험을 개발했다(7장 사격수 실험 참고, 33쪽). 부
시먼과 보나치(2004)는 '분실된 이메일 실험'을 통해 미국
에 거주하는 아랍인을 향한 편견을 암시적으로 조사했다.
연구자들은 편견에 대한 표준화된 명확한 척도들을 이용
해 유럽계 미국인 대학생 140명이 가진 편견의 정도를 조
사했다. 이후에 이 대학생들은 주소가 잘못 기재된(잘못 전
송된) 이메일을 받는데, 이것은 원래 아랍인 학생이나 유럽
계 미국인 학생이 받아야 할 메일이었다. 이 이메일에는 수
신인이 권위 있는 대학의 장학금을 4년간 받게 되었다거
나, 혹은 받지 못하게 되었다고(각각 장학금 취득 성공 대 취득
실패) 쓰여 있다. 또한 24시간 내에 답장을 꼭 보내야 한다
고도 적혀 있다. 이 실험을 통해 연구자들은 민족 정체성이
영향을 미치는 중요한 효과를 알아냈다. 즉, 원래 수신인이
유럽계 미국인이었을 때보다 아랍인이었을 때 학생들이

이메일에 답장할 확률이 낮았다. 그러나 이러한 영향은 장학금 취득 성공 여부와 연구 참여자의 편견에 의해 좌우되었다. (표준화된 명확한 척도에서) 편견이 적었던 학생은 원래 이메일 수신인이 아랍인일 때나 유럽계 미국인일 때나 잘못 전달된 장학금 취득 성공에 관한 이메일에 비슷한 확률로 답장했다. 그러나 편견 정도가 높은 학생은 매우 다른 양상을 보였다. 편견이 심한 학생은 원래 수신자가 아랍인인 경우 '**장학금 취득 성공**'과 관련된 이메일에 답장할 확률이 더 낮았다. 그러나 이메일이 '**장학금 취득 실패**'와 관련된 경우 편견이 심한 학생은 정반대의 민족적 편견을 보였다. 즉, 원래 수신인이 아랍인일 때 이 학생들이 이메일에 답장할 확률은 높아졌다. 이러한 결과는 미국 학생들이 아랍인에 대해 갖는 전반적인—수동적인 방식의—편견을 보여 준다. 미국 학생들은 원 수신인이 유럽계 미국인일 때보다 아랍인일 때 잘못 전달된 이메일에 답장할 확률이 낮았다. 이러한 결과는 편견이 아랍인에 대한 차별적 행동을 조장한다는 사실을 보여 준다. 편견이 매우 심한 학생은 아랍인에게 적극적으로 해로운 행동(예컨대 모욕하기)을 가한다는 증거도 있다.

이 장을 마무리하며

————

이 장은 9/11 테러를 비롯한 여러 다른 테러 공격에 대한 분석으로 시작했다. 외집단 불신이 테러리즘을 조장하는 동시에 테러리즘의 결과라는 가설을 뒷받침하는 연구도 살펴보았다. 그리고 9/11 테러 공격 이후 정부에 대한 신뢰가 높아졌지만 그 영향은 일시적이었다는 연구도 다루었다.

11

신을 믿으십니까

출애굽기에서 모세는 이집트에 잡혀 있던 이스라엘 백성들을 구원하여 약속의 땅으로 인도하는 인물로 그려진다. 노예였던 사람들이 신과 신의 말씀을 믿게 되는 과정도 묘사되어 있다. 신을 믿는 것은 많은 종교의 기본 바탕이다. 이 장에서는 신에 대한 신뢰를 조사한 연구를 살펴볼 것이다.

신뢰에서 시작되는 지식 획득 이론

———

신은 우리 눈에 보이지 않기 때문에 신을 믿는 사람들은 신이 시간을 초월하여 미래에도 존재한다고 믿어야 한다. 해리스Harris(2007)는 아이가 신에 대한 믿음을 갖게 되는 것은 타인에 대한 신뢰 때문이라고 말하며 지식 획득 이론 Knowledge Acquisition Theory을 설명했다. 코리브Corriveau, 쳉Chen, 해리스(2015)는 지식 획득 이론이 종교에 미치는 영향에 대해 더 깊이 연구했다. 이들은 아이들이 진짜와 가짜를 구별할 때 가족의 종교성이 작용하는지 조사했다. 그 결과 종교적인 가정에서 자란 아이는 종교적 사건이 진짜인지를 판단할 때와, 현실적이지 않은 사건이 진짜인지를 판단할 때 종교적인 믿음을 활용했다.

애착의 대상이 된 신, 애착 이론

———

신에 대한 신뢰를 개념화한 애착 이론에서 가장 중요한 원리는 신을 애착 대상으로 여기는 것이다(커크패트릭, 1992;

이 책의 1, 4, 5장 참고). 그랑크비스트Granqvist, 미컬린서 Mikulincer, 게위츠Gewirtz, 쉐이버Shaver(2012)가 시행한 연구에 따르면, 사람들은 양육자와 아이의 관계에서 형성되는 내적 작동 모델을 통해 대인 애착에서 느끼는 안도감을 신에 대한 애착에까지 일반화했다. 대인 애착의 질이 안정적인 사람은 신에 대한 애착의 질도 안정적이었다. 따라서 신을 고통으로부터 안전한 기반이자 안식처로 여겼다. 이들은 신을 자애롭고 세심하고 믿을 수 있는 따뜻한 존재로 바라보는 경향이 있었다. 같은 맥락에서, 불안하고 회피적인 대인 애착을 지닌 사람들은 신에 대해서도 불안정한 애착을 형성하는 경향이 있었고, 그 결과 신을 안전한 기반이 아닌 먼 존재나 지배자로 여겼다. 그랑크비스트 등(2012)이 실시한 다른 연구에서는 암시적 점화 방법implicit priming method을 활용하여 이러한 애착 과정이 무의식 상태에서 진행된다는 결과를 얻었다.

BDT 체계에서 바라본 종교

———

BDT 체계의 관점에서 보면, 신과 종교 지도자들이 사후 세계와 관련된 약속을 이행하고(신용), 사람들의 고백과 기도를 공감하며 들어준다는(감정적 신뢰) 믿음이 생길 때 사람들은 종교를 믿게 된다. 또한 신과 종교 지도자들이 정직하고 진실되고 악의 없는 의도를 지녔다는 믿음도 있어야 한다(정직). 이러한 믿음은 행동 의존을 통해 확인된다. 이때 행동 의존은 개인이 종교적 관례를 따르는 형태로 나타난다. 또한 신과 종교 지도자들은 개인이 교회에 나오고(신용), 수용하려는 마음과 진실된 마음으로 종교 지도자를 경청하고(감정적 신뢰), 특히 종교 지도자에게 진실을 말하는(정직) 형태로서 응답하기를 기대한다. 이 주장을 뒷받침하듯, 종교 지도자들은 이러한 형태를 가진 신에 대한 믿음을 옹호하며 현대 사회에서 종교의 활성화를 도모했다(몰트만 Moltmann, 2006).

신뢰와 종교에 대한 로즈마린의 접근법

———

로즈마린Rosmarin과 그의 동료들(로즈마린, 크럼레이Krumrei 등, 2009; 로즈마린, 파르가먼트Pargament 등, 2009; 로즈마린, 파르가먼트, 피루틴스키Pirutinsky, 마호니Mahoney 2010)은 신에 대한 간략한 신뢰(이하 TMIG) 척도를 만들었다. 이 척도는 두 개의 하위 척도로 이루어지는데, 하나는 자비로운 신에 대한 믿음 같은 신에 대한 신뢰 하위 척도(이하 TIG)이고, 다른 하나는 혹독한 신에 대한 믿음 같은 신에 대한 불신(이하 MIG) 하위 척도이다. 연구 결과, TIG와 MIG는 각기 독립되어 있지만 서로 연관성 있는 구성체이고 각 하위 척도는 충분한 내적 일관성을 가진다는 사실을 알아냈다.

TMIG는 서양 국가에서 특히 기독교인과 유대교도의 신에 대한 믿음을 평가하기 위해 개발된 것이다. 이슬람 국가에서는 TMIG를 이슬람교도에게만 적용할 수 있도록 조정했다(하피지Hafizi, 로즈마린, 케니그Koenig, 2014).

종교가 타인에 대한 신뢰에 영향을 미칠까

———

종교가 다양한 형태의 신뢰에 '영향'을 미치는지에 대해 조사한 연구가 있다. 조직화된 종교는 신뢰에 영향을 미치는 내집단과 외집단 사이의 경계를 설정하고, 따라서 외집단 불신을 형성한다(10장 참고). 피츠제럴드Fitzgerald와 윅와이어Wickwire(2012)의 연구가 이 가설을 뒷받침한다. 이들은 대학생들을 대상으로 자신과 같은 종교를 가졌다고 밝힌 파트너 또는 다른 종교를 가졌다고 밝힌 파트너(침례교나 가톨릭교 등)와 신뢰 게임을 하게 했다. 게임에서 첫 번째 참가자인 학생이 자신이 받은 10유로 중 일부를 다른 참가자(두 번째 참가자)에게 주면, 두 번째 참가자는 돈의 총액을 첫 번째 참가자와 나누어 갖는다. 첫 번째 참가자가 처음 받은 10유로 중 상대방에게 나누어 준 액수로 신뢰 선택이 평가되었다(1장 참고). 실험 결과, 학생들은 자신과 다른 종교를 가진 파트너(외집단 구성원)에 비해 자신과 같은 종교를 가진 파트너(내집단 구성원)와 게임을 할 때 더 큰 신뢰 선택을 보였다.

워드Ward, 매머로우Mamerow, 마이어Meyer(2014)는 대만,

홍콩, 한국, 일본, 호주, 태국에 거주하는 6,331명의 표본을 대상으로 종교에 기반한 외집단 불신을 더 심도 있게 연구했다. 이들은 실험 참가자들에게 가족, 이웃, 낯선 사람, 외국인, 종교가 다른 사람을 얼마나 신뢰하는지 평가하게 했다. 그 결과, 가족과 이웃에 대한 신뢰는 여섯 국가 모두에서 매우 높게 나타났지만, 종교가 다른 사람에 대한 신뢰는 나라별로 차이를 보였다. 종교가 다른 사람에 대한 신뢰는 호주, 홍콩, 대만에서 가장 높았고, 일본, 한국, 태국에서 가장 낮았다.

올슨Olson과 먀오Miao(2015)는 타인에 대한 일반화된 신뢰에 있어 종교가 하는 역할을 연구했다. 이들은 69개국의 77,409명을 조사한 세계 가치 조사World Value Survey 자료를 다층적으로 분석했다. 조사 국가는 알바니아에서 베트남까지 다양했다. 이 연구에서는 한 국가의 종교인 비율 및 종교적 다양성이 일반화된 사회 신뢰와 어느 정도 관련성을 보이는지 분석했다. 일반화된 사회 신뢰는 개인이 사람들 대부분을 얼마나 기꺼이 믿으려고 하는지로 평가되었다(1장 참고). 해당 국가의 종교 활동 참여는 적어도 한 달에 한 번은 예배에 참석한다고(결혼, 장례식, 축제 제외) 응답한 사람의 비율로 측정했다. 종교적 다양성은 해당 국가의 각 종교 집단 응답자 비율을 기준으로 종교 집단의 크기를 추산해서 평가했다. 그 결과, 종교인 비율은 일반화된 사회 신뢰와 음의 상관관계에 있는 것으로 나타났다. 다시 말하자면, 한 국가에 종교인의 비율이 높아질수록 타인에 대한 국민들의 일반화된 신뢰는 낮아졌다. 뿐만 아니라, 평균 이상의 종교성과 평균 이상의 종교적 다양성을 모두 보이는 국가의 경우, 대략적인 평균의 절반 정도로 일반화된 사회 신뢰가 매우 낮았다. 이러한 연구 결과에 대해 연구자들은 종교들이 서로 대립하고 종교의 영향력이 강한 배경을 가진 국가의 국민들은 종교가 다른 사람은 물론 일반 사람들도 신뢰하지 않으려는 경향을 보인다고 말했다. 사회 정체성이 강한 국가는 외집단 불신을 강화시킬 수 있다는 측면에서 이 연구 결과는 사회 정체성 이론과 맥을 같이 한다(10장 참고).

신앙이 심리적 적응과 건강에 도움이 될까

로즈마린과 그의 동료들(로즈마린, 피루틴스키, 파르가먼트, 2011)은 신에 대한 믿음은 신에 대한 불신과 비교할 때 긍정적인 영적 대처, 종교적 대처, 유대감, 초월의식을 강화한다고 말했다. 따라서 신을 믿는 사람은(믿지 않는 사람에 비해) 불확실성을 견디는 데 더 적극적이고, 이러한 태도는 걱정과 불안을 경험할 확률을 감소시킨다는 주장이다. 로즈마린 등(2011)은 이 가설을 뒷받침하는 증거로서 신에 대한 불신이 크면 근심도 커진다며, 이는 부분적으로 불확실성을 견디는 힘이 부족하기 때문이라고 말했다. 같은 맥락에서 신에 대한 믿음이 크면 근심은 감소했으며, 이는 불확실성을 견디는 힘이 부분적으로 작용했기 때문이다.

유방암은 흑인 여성에게 가장 흔하게 발병하는 암이자 두 번째로 높은 사망 원인이기도 하다. 교회는 흑인 여성의 삶에 주춧돌 역할을 하며, 신앙심은 이들이 암과 같은 심각한 질환에 맞서도록 돕는다. 이러한 사실에 기반하여, 베벌리Beverly, 유Yoo, 리바인(2014)은 유방암에 걸린 흑인 여성 47명과 암 치료에 대해 심도 있는 인터뷰를 진행했다. 암을 진단받았을 때부터 이겨 낼 때까지 종교적, 영적 수행의 역할에 대해 이들이 자유롭게 답할 수 있는 질문을 했다. 연구자들은 이 여성들의 답변을 기록하고 질적 분석을 시행한 끝에 공통적으로 나타나는 점을 발견했다. 이들 중 대부분이 유방암 진단과 치료를 겪으면서 개인적으로는 물론 공동체를 통해서도 종교적 수행이나 영적 훈련을 경험했다고 답했다. 이러한 수행 활동으로는 예배 참석, 다른 사람의 기도를 통해 위안 얻기, 성서 읽기 등이 있었다. 연구자들은 암에 걸린 흑인 여성들의 '신에 대한 믿음'이 암에 대응하고, 이를 이겨 내는 데 도움이 되었다는 의견을 제시했다. 그리고 이 연구 결과를 활용하여 임상의가 환자, 특히 흑인 여성의 치료에 종교와 영적인 요소를 포함시켜 이들이 병을 극복하는 데 도움이 되도록 해야 한다는 주장도 제기되었다.

암과 같은 심각한 질병의 대처에 있어서 신에 대한 믿음이 갖는 잠재적인 역할을 강조했다는 점에서 이 연구는 흥미롭다고 할 수 있다.

이 장을 마무리하며

이 장은 지식 획득 이론과 애착 이론, BDT 체계의 관점에서 종교에 대한 신뢰의 역할을 설명했다. 로즈마린과 그의 동료들이 시행한 종교적 신뢰에 대한 연구를 살펴보고, 신뢰가 심리적 적응과 신체 건강에 미치는 잠재적 이점에 대해서도 알아보았다.

12

신뢰 쌓기

거짓말로 인한 결과, 배신, 불신의 보이지 않는 측면, 테러리즘에 대해서는 앞에서 이미 설명했다. 그렇다면 신뢰를 강화하거나 깨진 신뢰를 회복할 수 있는 방법은 없을까? 신뢰에 대한 연구가 폭넓게 이루어진 것과는 대조적으로, 신뢰를 강화하거나 이미 깨진 신뢰를 회복하기 위한 심리학 측면에서의 전략이나 중재 방법은 찾아보기 힘들다. 이번 장에서는 이 주제에 대한 기존의 연구에 대해 살펴볼 것이다.

대립하는 국가 간에 신뢰 쌓기

서로 대립하는 국가 간의 신뢰를 강화하는 초창기 전략 중 하나는 오스굿Osgood(1962)에 의해 개발되었다. 1960년대 냉전과 군비 경쟁에 관심을 가졌던 오스굿은 군비 축소를 위한 방법으로 국가들이 점진적 긴장 완화 전략strategy of graduated reciprocity in tension reduction, GRIT을 택해야 한다고 권고했다. GRIT에 따른 두 국가 간의 군비 축소는 혼합 동기 게임mixed-motive game에 참가한 두 파트너에 빗대어 설명할 수 있다. 이 전략에 따라 첫 번째 파트너(국가)는 입증할 수 있는 방법을 통해 군비를 적당한 수준으로 축소한다. 그리고 상대방이 비슷한 수준으로 군비를 축소할 때까지 기다린다. 다음 단계에 이르면, 첫 번째 파트너는 군비를 더 큰 폭으로 줄이고 상대방도 같은 방식으로 군비를 줄인다. 상호 간에 입증할 수 있는 행동을 주고받은 결과, 두 파트너(국가) 사이에는 신뢰할 수 있는 관계가 형성되고 상호 간 군비 축소가 이루어진다. GRIT과 GRIT의 심리학적 근거는 린드스콜드Lindskold(1978)가 상세하게 설명한 바 있다. 린드스콜드는 객관적인 신뢰 구축의 중요성과, 국가 간 군비 축소를 위해 GRIT가 제안한 군비 축소 교환 과정에서 구축된 신뢰의 속성을 강조했다. GRIT가 대립하는 국가 간의 신뢰를 쌓는 데 일조할 수 있는 기대되는 전략이긴 하지만, 그 실효성은 앞으로 지켜봐야 할 것이다.

신뢰를 강화하는 개입 방법에서 GRIT는 자극제 역할을 해 왔다. 일례로 쿡 등(2005)이 시행한 실험이 있다. 이 실험에서 쿡은 위험을 감수하려는 의지와 협조 의지를 분리할 수 있는 죄수의 딜레마 게임을 활용했다. 죄수의 딜레마는 두 참가자 사이에 동전을 교환하는 게임이다. 한 참가자가 상대방에게 줄(맡길) 동전 수를 정하고, 동전을 받은 참가자는 다시 돌려줄 동전의 수를 정한다. 감수해야 하는 위험과 그에 따른 신뢰는 참가자가 상대방에게 주거나 맡기는 동전의 수로 측정되고, 협조는 동전을 받은 참가자가 되돌려주는 동전의 수로 측정된다. 연구자들은 이 방법을 활용하여 세 가지 실험을 실시했다. 그 결과 위험을 감수하는 것이 신뢰를 쌓는 데 결정적인 요인이라는 결론을 내렸다. 또한 일본인보다는 미국인이 위험을 감수하는 데 더 적극적이라는 결론도 얻었다.

종교가 다른 사람들 간에 신뢰 쌓기

종교와 관련된 외집단 불신은 사회에 위협적이다. 그중에서도 신앙심이 깊은 국민이 많고, 종교가 다양한 국가에 큰 위협이 된다(11장 참고, 올슨, 먀오, 2015). 북아일랜드가 바로 이러한 국가이다. 휴스톤Hewstone과 동료들(휴스톤, 2015; 탬Tam, 휴스톤, 켄워시Kenworthy, 케언스Cairns, 2009; 터너, 탬, 휴스톤, 켄워시, 케언스, 2013; 터너 등, 2010)은 다른 종교 집단과의 접촉이 종교 집단 간 신뢰와 긍정적인 관계 구축에 기여한다는 가설을 세우고 북아일랜드에서 연구를 시행했다. 북아일랜드 인구 중 구교도의 비율은 44%이고, 신교도는 53%이다. 북아일랜드의 많은 구교도들은 북아일랜드가 영국에서 독립해야 한다고 생각하지만, 상당수의 신교도들은 영국령으로 남아 있길 원한다. 지난 10년 동안 북아일랜드에서 종교적 수용과 관용의 분위기가 확대되는 데 상당한 진전이 있었던 것은 사실이지만, 아직도 어느 정도의 종교적 양극화와 외집단 불신이 남아 있다. 휴스톤과 그의 동료들이 시행한 연구는 올포트Allport(1954, 페티그루Pettigrew 참고, 1994)가 정립한 사회 접촉 이론Social Contact Theory을 바탕으로 한다. 이 이론은 외집단 구성원과의 긍정적인 사회적 상호 작용, 특히 서로 간의 동등한 관계가 소수 민족 집단과 다수 민족 집단 사이의 신뢰와 긍정적인 관계를 강화하고 결과적으로 편견과 적대감을 감소시킨다고 설명한다.

탬, 휴스톤, 켄워시, 케언스(2009, 연구 2)는 북아일랜드의 세 개 대학에 다니는 젊은 구교도와 신교도 학생 175명을 대상으로 실험을 했다. 이 대학생들은 외집단 불신 정도를 평가하는 질문지('우리가 그들에게 한 일에 대해 그들은 복수할 것이므로 나는 그들을 믿을 수 없다' 등의 질문이 포함됨)를 작성했다. 학생들은 외집단(종교가 다른 사람 등)과의 접촉 양과 질(접촉이 즐겁고 협조적이었다 등)에 대해 응답했다. 또한 외집단 구성원과 친구가 되거나 그의 가족과 안면이 있는지와 같은 외집단과의 확대된 접촉 여부에 대해서도 답했다. 학생들은 외집단에 먼저 다가가는 등의 외집단에 대한 긍정적인 행동 경향과, 외집단을 피하는 부정적인 행동 경향에 대해서도 답했다. 그리고 학생 자신이 지닌 외집단에 대한 태도를 온정적인지 냉정한지, 부정적인지 긍정적인지, 우호적인지 적대적인지 등의 형태로 답하게 했다. 마지막으로 학생들은 외집단 근처에 사는 것과 같은 외집단과의 접촉 기회를 측정할 수 있는 질문에 대해서도 답했다. 연구 결과, 집단 간 상호 작용의 양과 질을 통해 종교적 외집단에 대한 신뢰를 통계상으로 예측할 수 있었다. 또 종교적 외집단에 대한 신뢰를 통해 종교적 외집단에 대한 긍정적 행동 경향도 통계상으로 예측 가능 했다. 이러한 결과는 종교적 외집단 구성원과의 사회적 접촉이 종교적 외집단에 대한 신뢰를 강화하고, 이는 다시 외집단 구성원에 대한 긍정적인 행동 경향을 증가시킨다는 가설을 뒷받침한다. 예상한대로, 외집단에 대한 긍정적인 행동 경향은 외집단에 대한 태도, 확대된 접촉, 접촉 기회와 관련이 있었다. 이와 유사한 집단 간 상호 영향의 양상은 북아일랜드에 거주하는 아이들에게서도 나타났다(터너, 탬, 휴스톤, 켄워시, 케언스, 2013).

부모와 아이 사이에 신뢰 쌓기

부모에 대한 아이의 신뢰를 강화하기 위해 부모가 택할 수 있는 전략은 4장에서 논의했다. 같은 맥락에서 콜로네시 Colonessi 등(2012)은 기본 신뢰라 불리는 애착 위주의 개입 방법이 갖는 실효성을 연구하여, 입양 가정에서 부모와 입양아 사이의 긍정적인 관계를 강화할 수 있는 방법을 모색했다. 연구 대상을 입양 가정으로 정한 이유는 입양아들이 입양되기 전에 보호 시설과 같은 불리한 환경에서 자란 탓에 불안정 애착 관계를 형성했을 가능성이 높은 것으로 여겨졌기 때문이다. 기본 신뢰 개입 방법은 (심리 상태의 대화라 불리는) 특정 소통 기술을 통해 아이의 행동과 신호를 객관적으로 처리하도록 부모를 교육함으로써 부모로서의 마음가짐(예컨대 아이의 마음을 알아차리는 것)을 강화하고 향상하기 위해 만들어진 것이다. 부모는 아이의 행동, 감정, 희망 사항, 의도, 생각에 이름을 붙이는 작업을 했다. 이름을 붙이는 것은 무엇보다도 아이가 하나의 인격체로 인정받는다고 느끼게 함으로써 아이에게 안정적 애착을 심기 위한 행동이었다. 이 연구에서 아이(2~5세)를 입양한 네덜란드의 스무 가정의 부모는 여덟 가지 기본 신뢰 교육 과정에 참여했다. 연구실과 가족 식사 자리에서 부모와 아이가 주고받는 상호 작용을 관찰하여 부모의 민감성과 아이의 애착 정도를 평가했다. 아이의 불안정 애착과 정신 병리는 부모가 작성한 표준화된 평가지를 이용해 측정되었다. 예비 조사가 시작된 후부터 사후 조사(3개월 후)가 이루어진 기간 동안에 엄마가 보고한 아이의 불안정 애착이 줄었고, 부모가 보고한 혼란 애착도 줄었으며, 부모가 보고한 품행 장애도 감소했다. 기본 신뢰 개입 방법은 부모와 아이의 관계 개선에 있어 향후 기대를 모으는 전략이지만, 그 연구 결과의 실효성은 확실하지 않다. 예를 들자면 이 교육을 받지 않은 통제 집단이 없기 때문에, 반복된 실험이나 시간 등과 같은 요소가 아닌 기본 신뢰 교육 때문에 이러한 변화가 일어난 것인지 분명하지 않다는 문제가 있다.

개인의 신뢰 쌓기

남을 잘 신뢰하지 못하는 사람에 대해서는 3장에서 다루었다. 낮은 신뢰는 외로움, 공격성, 타인과의 저조한 협조 같은 심리 사회적 문제를 일으킨다. 이러한 결과를 바탕으로 신뢰가 낮은 사람이 타인에 대한 신뢰를 높일 수 있는 치료법을 개발한다면 큰 도움이 될 것이다. 중요한 점은 치료사가 신뢰할 만하다(예컨대 약속을 지키고, 비밀을 지키고, 정직하다)는 믿음을 환자에게 주는 것이다. 이는 거의 모든 형태의 치료에 있어서 기본이다(로튼-브라운Laughton-Brown 참고, 2010). 특히 인간 중심 치료에서 치료의 효과를 좌우하는 것은 환자의 높은 감정적 신뢰이다. 감정적 신뢰는 치료사가 환자의 공개된 개인 정보를 가치 판단 없이 수용하고 비밀을 유지할 것에 대한 기대를 말한다(손Thorne 참고, 2007).

단어 회상을 통해 신뢰를 인지하도록 점화priming하는 것이 신뢰와 사회적 참여를 촉진한다는 연구 결과가 있다 (로텐버그, 2010; 연구 4). 이러한 점화가 인지 행동 치료와 결합하면 신뢰가 낮은 사람을 치료할 수 있을지도 모른다. 타인에 대한 신뢰가 낮고 그로 인해 심리 사회적 문제를 보이는 환자는 치료 과정에서 가상의 사회적 관계를 통해 신뢰를 인지할 수 있다. 치료가 끝난 후에도 실제 사회적 관계에서 신뢰를 인지할 수 있도록 환자는 치료사의 지도하에 스스로 유도하는 방법을 배우게 된다. 치료사는 이러한 방법을 실행함에 있어 지나친 신뢰로 인한 잠재적 문제들을 고려하고, 환자가 사회적 관계에서 타인에 대한 객관적인 신뢰성을 가질 수 있도록 신경 써야 한다. 이러한 개입 방법을 뒷받침하는 사례 연구에는 편집증을 치료하는 방법으로 신뢰와 관련된 인지를 바꾸는 데 중점을 둔 인지 행동 치료가 있다(스미스Smith, 스틸Steel, 2009).

미래 세대와 신뢰 쌓기

중년층(55~75세)과 노년층(76세 이상)의 신뢰는 가족들의 상속 주장 문제와, 가족이나 인간에 대한 신뢰의 충족 여부와 관련 있다(로텐버그, 2015). 이러한 신뢰의 측면은 에릭 에릭슨Erik Erikson의 생산성 대 침체성의 충돌 단계를 더 자세히 설명해 준다. 노년기의 신뢰는 자신의 자녀를 포함한 미래 세대에 영향력을 미치고 이들을 보살피는 데서 오는 개인적 만족과 관련이 있다(에릭슨, 1963; 해머체크Hamachek, 1990). 이러한 측면에서의 신뢰는 더 깊이 연구되어야 한다.

신뢰는 위기인가 아니면 모든 것의 이론인가

이 책을 시작하면서 신뢰가 위기에 처해 있는지 아니면 신

뢰가 모든 것의 이론인지에 대한 질문을 던졌다. 이 책에서는 육아, 의료 종사자, 경찰, 직장, 정치가, 테러리즘, 외집단을 비롯한 신뢰와 관련된 폭넓은 주제를 다루었다. 또한 신뢰라는 주제에 대한 광범위한 연구를 소개해 독자가 친숙해질 수 있도록 했다. 물론 신뢰가 모든 것의 바탕이 되는 이론은 아닐 수도 있다. 그러나 이 책에서 다룬 내용만으로도 실제로 신뢰가 현대인의 삶의 많은 부분과 연관되어 있다는 것을 알 수 있을 것이다.

이 장을 마무리하며

———

이 장에서는 어떻게 신뢰를 강화하고 깨진 신뢰를 회복할 수 있는지에 대해 살펴보았다. 대립하는 국가(오스굿의 GRIT 제안), 다른 종교(휴스톤과 그의 동료들), 부모와 아이(콜로네시 등 2012), (인지 행동 치료의 방법으로서)한 명의 개인, 노년층과 미래 세대의 신뢰 구축에 대한 연구에 대해서도 요약해서 소개했다. 그리고 신뢰가 현대 세계의 핵심적인 축을 이루고 있다는 사실을 확인하면서 이 장을 마무리했다.

감사의 글

이 책을 쓰는 동안 아낌없는 지지를 보내 준 나의 아내 캐롤에게 감사의 마음을 전하고 싶다. 아내에게 이 책을 바친다.

나의 아들 데이비드와 의붓딸 클레어와 젬마, 그리고 의부 손주인 앰버, 루카스 잭, 제시카, 루비에게도 이 책을 바친다.

신뢰에 대한 연구와 집필을 함께 해 준 존경하는 루시 베츠 박사에게도 이 책을 바친다. 그녀가 보여 준 능력과 헌신에 깊이 감사한다. 마지막으로 신뢰에 관한 나의 연구를 지지한 동료 파멜라 퀼터 교수에게 고마운 마음을 전한다.

추가자료

도서

Trust in Schools: A Core Resource for Improvement (2002) by Anthony S.
 Bryk and Barbara Schneider, Russell Sage Foundation.

Trusting What You're Told: How Children Learn from Others (2012) by
 Paul L. Harris, Harvard University Press.

Trust: From Socrates to Spin (2004) by K. O'Hara, Cambridge University
 Press.

Trust and Scepticism (2014) by Liz Robinson and Shiri Einav (Editors),
 Psychology Press.

영화

Sex, Lies, and Videotape (1989) by Steven Soderbergh

Trust (1991) by Hal Hartley

Trust Me (1991) by Clark Gregg

Simple Men (1992) by Hal Hartley

Broken Trust (1995) by Geoffrey Sax, William P. Wood (novel), Joan
 Didion (teleplay)

Trust (2003) by Parris Reaves, William Pierce, Fred Spivey

Trust the Man (2005) by Bart Freundlich

Trust (2010) by David Schwimmer, Andy Bellin, Rob Festinger

드라마

Trust (2003) by Simon Block, Andrew Rattenbury

참고문헌

Ainsworth, M. D. S. (1989). Attachments beyond infancy. *American Psychologist*, 44, 709-716.

Alcock, J. (2001). *Animal behavior: An evolutionary approach* (7th ed.). Sunderland, MA: Sinauer Associates.

Allport, G. W. (1954). *The nature of prejudice*. Reading, MA: Addison-Wesley.

Anderson, L. A., & Dedrick, R. F. (1990). Development of the trust in physician scale: A measure to assess interpersonal trust in patient-physician relationships. *Psychological Reports*, 67, 1091-1100.

Arora, K. S. K. (2013). Reflections on the experiences of turbaned Sikh men in the aftermath of 9/11. *Journal for Social Action in Counseling & Psychology*, 5(1), 116-121.

Baker, A. J. L. (2005). The long-term effects of parental alienation on adult children: A qualitative research study. *American Journal of Family Therapy*, 33(4), 289-302. doi:10.1080/01926180590962129

Barefoot, J. C., Maynard, K. E., Beckham, J. C., Brammett, B. H., Hooker, K., & Siegler, I. C. (1998). Trust, health and longevity. *Journal of Behavioral Medicine*, 21, 517-526.

Baron, R. A., & Neuman, J. H. (1996). Workplace violence and

workplace aggression: Evidence on their relative frequency and
potential causes. *Aggressive Behavior*, 22, 161–173.

Baron, R. A., Neuman, J. H., & Geddes, D. (1999). Social and personal
determinants of workplace aggression: Evidence for the impact of
perceived injustice and the Type A Behavior Pattern. *Aggressive
Behaviour*, 25(4), 281–296.

Benner, J. A. (2004). Biblical word of the month – Trust in ancient
Hebrew research center. *Biblical Hebrew E-Magazine* Issue #010.
Retrieved from www.ancient-hebrew.org/emagazine/010.html

Beverly, L. Yoo, G. J., & Levine, E. G. (2014). "Trust in the Lord":
Religious and spiritual practices of African American breast cancer
survivors. *Journal of Religious Health*, 53, 1706–1716. doi:10.1007/
s10943-013-9750-x

Billig, M., & Tajfel, H. (1972). Social categorization and similarity in
intergroup behavior. *European Journal of Social Psychology*, 3, 27–52.

Birkhäuer, J., Gaab, J., Kossowsky, J., Hasler, S., Krummenacher, P.,
Werner, C., & Gerger, H. (2017). Trust in the health care
professional and health outcome: A meta-analysis. *PLoS ONE*,
12(2), 1–13. doi:10.1371/journal.pone.0170988

Birnie-Porter, C., & Hunt, M. (2015). Does relationship status matter for
sexual satisfaction? The roles of intimacy and attachment avoidance
in sexual satisfaction across five types of ongoing sexual relationships.
Canadian Journal of Human Sexuality, 24(2), 174–183.
doi:10.3138/cjhs.242-A5

Blendon, R. J., Benson, J. M., & Hero, J. O. (2014). Public trust in
physicians – U.S. medicine in international perspective. *New England
Journal of Medicine*, 371, 1570–1572. doi:10.1056/NEJMp1407373

Blind, P. K. (2007). Building trust in government in the twenty-first century: Review of literature and emerging issues. *7th Global Forum on Reinventing Government*, 26–29 June, Vienna Austria.

Bond, C. F., & DePaulo, B. M. (2006). Accuracy of deception judgments. *Personality and Social Psychology Review*, 10, 214–234. doi:10.1207/s15327957pspr1003_2

Bond, C. F., & DePaulo, B. M. (2008). Individual differences in judging deception: Accuracy and bias. *Psychological Bulletin*, 134, 477–492. doi:10.1037/0033-2909.134.4.477

Bowlby, J. (1980). *Loss: Sadness & Depression*. Attachment and Loss (Vol. 3). London: Hogarth.

Brewer, P. R., Aday, S., & Gross, K. (2005). Do Americans trust other nations? A panel study. *Social Science Quarterly*, 86(1), 36–51. 10.1111/j.0038-4941.2005.00289.x

British Crime Survey for England and Wales. (2009–2010). National Statistics, Home Office Statistical Bulletin.

Bryk, A. S., & Schneider, B. (2002). *Trust in schools: A core resource for improvement*. New York: The American Sociological Association's Rose Series in Sociology, Russell Sage Foundation.

Bushman, B. J., & Bonacci, A. M. (2004). You've got mail: Using e-mail to examine the effects of prejudiced attitudes on discrimination against Arabs. *Journal of Experimental Social Psychology*, 40, 753–759. doi:10.1016/j.jesp.2004.02.001

Buss, D. M., Larsen, R. J., Westen, D., & Semmelroth, J. (1992). Sex differences in jealousy: Evolution, physiology, and psychology. *Psychological Science*, 3, 251–255.

Cambridge University Dictionary. Retrieved from http://dictionary. cambridge.org/dictionary/english/trust

Ceobanu, A. M., & Escandell, X. (2008). East is West? National feelings and antiimmigrant sentiment in Europe. *Social Science Research*, 37(4), 1147–1170.

Chaitin, E., Stiller, R., Jacobs, S., Hershl, J., Grogen, T., & Weinberg, J. (2003). Physician–patient relationship in the intensive care unit: Erosion of the sacred trust? *Critical CareMedicine*, 31, 367–372.

Chambers, J. R., & Melnyk, D. (2006). Why do I hate thee? Conflict misperceptions and intergroup mistrust. *Personality and Social Psychology Bulletin*, 32(10), 1295–1311. doi:http://dx.doi.org/10.1177/0146167206289979

Chanley, V. (2002). Trust in government in the aftermath of 9/11: Determinants and consequences. *Political Psychology*, 23(3), 469–483. doi: http://dx.doi.org/10.1111/0162-895X.00294

Cheng, H., Bynner, J., Wiggins, R., & Schoon, I. (2012). The measurement and evaluation of social attitudes in two British Cohort studies. *Social Research Council*, 107, 351–371.

CNN (2015). ISIS claims responsibility of Paris attacks. Retrieved November 14, 2015.

Cohn, D. (1990). Child–mother attachment of six–year–olds and social competence at school. *Child Development*, 61(1),152–162. doi: 10.1111/1467-8624.ep9102040550

Cohen–Charash, Y., & Spector, P. E. (2001). The role of justice in organizations: A meta–analysis. *Organizational Behavior and Human Decision Processes*, 86(2), 278–321. doi:10.1006/obhd.2001.2958

Collins, N. L., & Read, S. J. (1990). Adult attachment, working models, and relationship quality in dating couples. *Journal of Personality and Social Psychology*, 58, 644–663.

Colonnesi, C., Wissink, I. B., Noom, M. J., Asscher, J. J. Hoeve, M., Stams, G. J. J. M., Polderman, N., & Kellaert–Knol, M. G. (2012).

Basic trust: An attachmentoriented intervention based on mind-mindedness in adoptive families. *Research on Social Work Practice*, 23(2), 179-188. doi:10.1177/1049731512469301

Combs, D. J. Y., & Keller, P. S. (2010). Politicians and trustworthiness: Acting contrary to self-interest enhances trustworthiness. *Basic and Applied Social Psychology*, 32, 328-339. doi:10.1080/01973533.2010.519246

Cook, J., & Wall, T. D. (1980). New work attitude measures of trust, organizational commitment and personal need-nonfulfillment. *Journal of Occupational Psychology*, 53, 39-52.

Cook, K. S., Yamagishi, T., Cheshire, C., Cooper, R., Matsuda, M., & Mashima, R. (2005). Trust building via risk taking: A cross-societal experiment. *Social Psychology Quarterly*, 68(2), 121-142.

Corbacho, A., Philipp, J., & Ruiz-Vega, M. (2015). Crime and erosion of trust: Evidence for Latin America. *World Development*, 70, 400-415. doi:10.1016/j.worlddev.2014.04.013

Correll, J., Hudson, S. M., Guillermo, S., & Ma, D. S. (2014). The police officer's dilemma: A decade of research on racial bias in the decision to shoot. *Social and Personality Psychology Compass*, 8, 201-213. doi:http://dx.doi.org/10.1111/spc3.12099.

Corriveau, K. H., Chen, E. E., & Harris, P. L. (2015). Judgments about fact and fiction by children from religious and nonreligious backgrounds. *Cognitive Science*, 39(2), 353-382. doi:10.1111/cogs.12138

Cozzolino, P. J. (2011). Trust, cooperation, and equality: A psychological analysis of the formation of social capital. *British Journal of Social Psychology*, 50(2), 302-320. doi:10.1348/014466610X519610

Crane, F. (1935). As quoted in *Business Education World*, 15, 172.

Crépeau, F., & Jimenez, E. (2004). Foreigners and the right to justice in the aftermath of 9/11. *International Journal of Law and Psychiatry*, 27(6), Special Issue: Migration, mental health, and human rights, 609–626. doi:http://dx.doi.org/10.1016/j.ijlp.2004.08.002

Crossman, A. M., & Lewis, M. (2006). Adults' ability to detect children's lying. *Behavioral Sciences and the Law*, 24, 703–715. doi:10.1002/bsl.731

Degner, J., Essien, I., & Reichardt, R. (2016). Effects of diversity versus segregation on automatic approach and avoidance behavior towards own and other ethnic groups. *European Journal of Social Psychology*, 46(6), 783–791. doi:10.1002/ejsp.2234

DePaulo, B. M., Ansfield, M. E., Kirkendol, S. E., & Boden, J. M. (2004). Serious lies. *Basic and Applied Social Psychology*, 26(2–3), 147–167. doi:http://dx.doi.org/10.1207/s15324834basp2602&3_4

DePaulo, B. M., & Kashy, D. A. (1998). Everyday lies in close and casual relationships. *Journal of Personality and Social Psychology*, 74(1), 63–79. doi:http://dx.doi.org/10.1037/0022-3514.74.1.63

DePaulo, B. M., Kashy, D. A., Kirkendol, S. E., Wyer, M. M., & Epstein, J. A. (1996). Lying in everyday life. *Journal of Personality and Social Psychology*, 70, 979–995.

DePaulo, B. M., Lanier, K., & Davis, T. (1983). Detecting the deceit of the motivated liar. *Journal of Personality and Social Psychology*, 45(5), 1096–1103. doi:http://dx.doi.org/10.1037/0022-3514.45.5.1096

DePaulo, B. M., Lindsay, J. L., Malone, B. E., Muhlenbruck, L., Charlton, K., & Cooper, H. (2003). Cues to deception. *Psychological Bulletin*, 129, 74–118. doi:10.1037/0033-2909.129.1.74.

Deutsch, M. (1958). Trust and suspicion. *Journal of Conflict Resolution*, 2, 265–279.

Edelman, R. (2015, November 2). *A crisis of trust: A warning to both business and government*. Retrieved from www.theworldin.com/article/10508/crisis-trust? fsrc=scn%2Ffb%2Fte%2Fbl%2Fed%2F theworldin2016

Erikson, E. H. (1963). *Childhood and society* (2nd ed.). New York: Norton.

Fairburn, C. G., & Harrison, P. J. (2003). Eating disorders. *Lancet*, 361(9355), 407-417.

Feeney, J. A., & Noller, P. (1990). Attachment style as a predictor of adult romantic relationships. *Journal of Personality and Social Psychology*, 58, 281-291.

Ferrin, D. L., Bligh, M. C., & Kohles, J. C. (2008). It takes two to tango: An interdependence analysis of the spiralling of perceived trustworthiness and cooperation in interpersonal and intergroup relationships. *Organizational Behavior and Human Decision Processes*, 107(2), 161-178. doi:http://dx.doi.org/10.1016/j.obhdp.2008.02.012

Fisher, J., van Heerde, J., & Tucker, A. (2010). Does one trust judgment fit all? Linking theory and empirics. *The British Journal of Politics and International Relations*, 12, 161-188. doi:10.1111/j.1467-856X.2009.00401.x

Fitzgerald, C. J., & Wickwire, J. H. (2012). Religion and political affiliation's influence on trust and reciprocity among strangers. *Journal of Social, Evolutionary & Cultural Psychology*, 6(2), 158-180.

Flanagan, C. A., & Stout, M. (2010). Developmental patterns of social trust between early and late adolescence: Age and school climate effects. *Journal of Research on Adolescence*, 20(3), 748-773.

doi:10.1111/j.1532-7795.2010.00658.x

Fletcher, G. J. O., Simpson, J. A., Thomas, G., & Giles, L. (1999). Ideals in intimate relationships. *Journal of Personality and Social Psychology*, 76(4), 72-89. doi:http://dx.doi.org/10.1037/0022-3514.58.2.281

Franklin, K. M., Janoff-Bulman, R., & Roberts, J. E. (1990). Long-term impact of parental divorce on optimism and trust: Changes in general assumptions or narrow beliefs? *Journal of Personality and Social Psychology*, 59, 743-755. doi:http://dx.doi.org/10.1037/0022-3514.59.4.743

Fuertes, J. N., Toporovsky, A., Reyes, M., & Osborne, J. B. (2017, April). The physician-patient working alliance: Theory, research, and future possibilities. *Patient Education and Counseling*, 100(4), 610-615. doi:10.1016/j.pec.2016.10.018

Garen, J., & Clark, J. R. (2015). Trust and the growth of government. *CATO Journal*, 35(3), 549-580.

Gervais, J., Tremblay, R. E., & Desmarais-Gervais, L. (2000). Children's persistent lying, gender differences, and disruptive behaviours: A longitudinal perspective. *International Journal of Behavioral Development*, 24(2), 213-221. doi:10.1080/016502500383340

Goldsmith, A. (2005). Police reform and the problem of trust. *Theoretical Criminology*, 9, 443-470.

Granqvist, P., Mikulincer, M., Gewirtz, V., & Shaver, P. R. (2012). Experimental findings on God as an attachment figure: Normative processes and moderating effects of internal working models. *Journal of Personality and Social Psychology*, 103(5), 804-818. doi:10.1037/a0029344

Guardian News. (2015). The counted police killings. Retrieved from www.theguardian.com/us-news/ng-interactive/2015/jun/01/thecounted-policekillings-us-database

Guardian News. (2016). Police will be required to report officer-involved deaths under new US system. Retrieved from www.theguardian.com/us-news/2016/aug/08/police-officer-related-deaths-department-of-justice

Hafizi, S., Rosmarin, D. H. G., & Koenig, H. (2014). Brief trust/mistrust in God scale: Psychometric properties of the Farsi version in Muslims. *Mental Health, Religion & Culture*, 17(4), 415-420. doi:10.1080/13674676.2013.816942

Hall, K., & Brosnan, S. F. (2017). Cooperation and deception in primates. *Infant Behavior & Development*. Part A, 48, 38-44. doi: http://dx.doi.org/10.1016/j.infbeh.2016.11.007

Hamachek, D. (1990). Evaluating self-concept and ego status in Erikson's last three psychosocial stages. *Journal of Counseling and Development*, 68(6), 677-683.

Hannon, P. A., Rusbult, C. E., Finkel, E. J., & Kamashiro, M. (2010). In the wake of betrayal, forgiveness, and the resolution of betrayal. *Personal Relationships*, 17, 253-278. doi:10.1111/j.1475-6811.2010.01275.x

Harding, A. (2014, October). *American's trust in doctors is falling*. Retrieved from www.livescience.com/48407-americans-trust-doctors-falling.html

Harris, P. L. (2007). Trust. *Developmental Science*, 10(1), 135-138. doi:0.1111/j.1467-7687.2007.00575.x

Hauch, V., Blandón-Gitlin, I., Masip, J., & Sporer, S. L. (2015). Are computers effective lie detectors? A meta-analysis of linguistic cues to deception. *Personality and Social Psychology Review*, 19, 307-342. doi:10.1177/1088868314556539

Hays, C., & Carver, L. (2014). Follow the liar: The effects of adult lies on children's honesty. *Developmental Science*, 17(6), 977-983. doi: 10.1111/desc.12171

Hazen, C., & Shaver, P. (1987). Romantic love conceptualised as an attachment process. *Journal of Personality and Social Psychology*, 52(3), 511-524. Merriam-Webster dictionary. Retrieved from www.merriam-webster.com/dictionary/trust

Hetherington, M. J., & Rudolph, T. J. (2008). Priming, performance, and the dynamics of political trust. *Journal of Politics*, 70, 498-512.

Hewstone, M. (2015). Consequences of diversity for social cohesion and prejudice: The missing dimension of intergroup contact. *Journal of Social Issues*, 71(2), 417-438. doi:10.1111/josi.12120

Hruby, A., & Hu, F. (2015). The epidemiology of obesity: A big picture *Pharmaco Economics*, 33(7), 673-689. doi:10.1007/s40273-014-0243-x

Isotalus, P., & Almonkari, M. (2014). Political scandal tests trust in politicians. *Nordicom Review*, 35(2), 3-16. doi:10.2478/nor-2014-0011

Ivković, S. K., Peacock, R., & Haberfeld, M. (2016). Does discipline fairness matter for the police code of silence? Answers from the US supervisors and line officers. *Policing: An International Journal of Police Strategies & Management*, 39(2), 354-369. doi:http://dx.doi.org/10.1108/PIJPSM-10-2015-0120

James, E. L. (2011). *Fifty shades of Grey*. New York: Vintage Books.

Jamison, G. D. (2011). Interpersonal trust in Latin America: Analyzing variations in trust using data from the Latinobarometro. *Journal of Multidisciplinary Research* (1947-2900), 3(3), 65-80.

Jensen, L., Arnett, J., Feldman, S., & Cauffman, E. (2004). The right to do wrong: Lying to parents among adolescents and emerging adults. *Journal of Youth and Adolescence*, 33(2), 101-112.

Jones, W. H., Chan, M. G., & Miller, C. E. (1991). Betrayal among children and adults. In K. J. Rotenberg (Ed.), *Children's interpersonal trust: Sensitivity to lying, deception, and promise violations* (pp. 118-134). New York: Spring-Verlag.

Kääriäinen, J. T. (2007). Trust in the police in 16 European countries: A multilevel analysis. *European Journal of Criminology*, 4(4), 409-435. doi:10.1177/147737080720

Kashy, D. A., & DePaulo, B. M. (1996). Who lies? *Journal of Personality and Social Psychology*, 70(5), 1037-1051.

Katz, W. (2015). Enhancing accountability and trust with independent investigations of police lethal force. *Harvard Law Review*, 128(6), 235-245.

Keelan, J. P. R., Dion, K. L., & Dion, K. K. (1994). Attachment style and heterosexual relationships among young adults: A short-term panel study. *Journal of Social and Personal Relationships*, 11(2), 201-214. doi:http://dx.doi.org/10.1177/0265407594112003

Kerns, K. A., Klepac, L., & Cole, A. K. (1996). Peer relationships and preadolescents' perceptions of security in the mother-child relationship. *Developmental Psychology*, 32(3), 457-456. doi:http://dx.doi.org/10.1037/0012-1649.32.3.457

Kerr, M., Stattin, H., & Trost, K. (1999). To know you is to trust you: Parents' trust is rooted in child disclosure of information. *Journal of Adolescence*, 22(6), 737-752. doi: http://dx.doi.org/10.1006/jado.1999.0266

Kirkpatrick, L. A. (1992). An attachment-theory approach to the psychology of religion. *The International Journal for the Psychology of*

Religion, 2, 3-28. doi:10.1207/s15327582ijpr0201_2

Kirkpatrick, L. A., & Davis, K. E. (1994). Attachment style, gender, and relationship stability: A longitudinal analysis. *Journal of Personality & Social Psychology*, 66(3), 502-512. doi:10.1037/0022-3514.66.3.502

Kolbert, E. (2016, November 3). How can Americans trust Donald Trump? *The New Yorker*. Retrieved from www.newyorker.com/news/daily-comment/how-can-americans-trust-donald-trump

Laughton-Brown, H. (2010). Trust in the therapeutic relationship: Psychodynamic contributions to counselling psychology practice. *Counselling Psychology Review*, 25, 12-17.

Lee, K. (2013). Little liars: Development of verbal deception in children. *Child Development Perspectives*, 7, 91-96. doi:10.1111/cdep.12023

Leigh, A. (2002). Explaining distrust: Popular attitudes towards politicians in Australia and the United States. In D. Burchell & A. Leigh (Eds.), *The Prince's new clothes: Why do Australians dislike their politicians?* Sydney: UNSW Press.

Levine, E. E. & Schweitzer, Maurice E. (2014). Are liars ethical? On the tension between benevolence and honesty. *Journal of Experimental Social Psychology*, 53, 107-117. doi: http://dx.doi.org/10.1016/j.jesp.2014.03.005

Lewis, M., Stanger, C., & Sullivan, M. W. (1989). Deception in 3-year olds. *Developmental Psychology*, 25, 439-443.

Lindskold, S. (1978). Trust development, the GRIT proposal, and the effects of conciliatory acts on conflict and cooperation. *Psychological Bulletin*, 85(4), 772-793. doi:http://dx.doi.org/10.1037/0033-2909.85.4.772

Luchies, L. B., Wieselquist, J., Rusbult, C. E., Kumashiro, M., Eastwick, P.

W., Coolsen, M. K., & Finlel, E. J. (2013). Trust and biased memory of transgressions in romantic relationships. *Journal of Personality & Social Psychology*, 104(4), 673–694. doi:10.1037/a0031054

MacDonald, J., & Stokes, R. J. (2006). Race, social capital, and trust in the police. *Urban Affairs Review*, 41(3), 358–375. doi:10.1177/1078087405281707

Malti, T., Averdijk, M., Ribeaud, D., Eisner, M. P., & Rotenberg, K. J. (2013). Children's trust and developmental trajectories of aggressive behavior in an ethnically diverse sample. *Journal of Abnormal Child Psychology*, 41, 445–456.

Mark, K. P., Janssen, E., & Milhausen, R. R. (2011). Infidelity in heterosexual couples: Demographic, interpersonal, and personality-related predictors of extradyadic sex. *Archives of Sexual Behavior*, 40(5), 971–982. doi:10.1007/s10508-011-9771-z

Marschall, M. J., & Stolle, D. (2004). Race and the city: Neighborhood context and the development of generalized Trust. *Political Behavior*, 26(2), 125–153.

Marshall, T. C., Bejanyan, K., Di Castro, G., & Lee, R. A. (2013). Attachment styles as predictors of Facebook-related jealousy and surveillance in romantic relationships. *Personal Relationships*, 20(1), 1–22. doi:10.1111/j.1475-6811.2011.01393.x

Martin, A. (2010). Does political trust matter? Examining some of the implications of low levels of political trust in Australia. *Australian Journal of Political Science*, 45, 705–712. doi:10.1080/10361146.2010.517184

Mayer, R. C., & Davis, J. H. (1999). The effect of the performance appraisal system on trust for management: A field quasi-experiment. *Journal of Applied Psychology*, 84(1), 123–136. doi:http://dx.doi.org/

10.1037/0021-9010.84.1.123

Mayer, R. C., Davis, J. H., & Schoorman, D. F. (1995). An integration model of organizational trust: *Academic Management Review*, 20, 709-735. doi:http://dx.doi.org/10.2307/258792

McEvily, B., Perrone, V., & Zaheer, A. (Eds.). (2003). Trust as an organizing principle. In special issue: Trust in an organizational content. *Organization Science*, 14, 91-103.

McNamara, J. D. (2012, March 15). Trust in American police remains high: Here's why. Delivered at the *50th Anniversary Law Enforcement Event*, San Francisco Bay Chapter, American Society of International Security, Foster City, CA.

Mekawi, Y., & Bresin, K. (2015). Is the evidence from racial bias shooting task studies a smoking gun? Results from a meta-analysis. *Journal of Experimental Social Psychology*, 61, 120-130. doi:10.1016/j.jesp. 2015.08.002

Mikulincer, M. (1998). Attachment working models and the sense of trust: An exploration of interaction goals and affect regulation. *Journal of Personality and Social Psychology*, 74, 1209-1224.

Mirror News (2016). *Doctor conned out of £150,000 by fraudster she met online forced to sell home amid staggering debts*. Retrieved October 12, 2016, from www.mirror.co.uk/tv/tv-news/doctor-conned-out-150000-fraudster-8537144

Misztal, B. A. (1996). *Trust in Modern Societies*. Cambridge: Polity Press.

Moltmann, J. (2006). Control is good-trust is better. *Theology Today*, 62(4), 465-475.

Montague, P. R., King-Casas, B., & Cohen, T. D. (2006). Imagining valuation models in human choice. *Annual Review of Neuroscience*, 29, 417-448. doi:10.11416//neuro.29.051605.11903.

Murray, S. L., & Holmes, J. G. (2009). The architecture of interdependent minds: A motivation-management theory of mutual responsiveness. *Psychological Review*, 116(4), 908-928. doi:10.1037/a0017015

Northrup, C., Schwartz, P., & Witte, J. (2013). *The Normal Bar*. New York: Harmony, an Imprint of the Crown Publishing Group.

Nummela, O., Raivio, R., & Uutela, A. (2012). Trust, self-rated health and mortality: A longitudinal study among ageing people in Southern Finland. *Social Science & Medicine*, 74(10), 1639-1643. doi:http://dx.doi.org/10.1016/j.socscimed.2012.02.010

O'Hara, K. (2004). *Trust: From Socrates to spin*. Duxford, Cambridge: Cambridge University Press distributed by Icon Books.

Olson, D., & Miao, L. (2015). Does a nation's religious composition affect generalized trust? The role of religious heterogeneity and the percent religious. *Journal for the Scientific Study of Religion*, 54(4), 756-773. doi:10.1111/jssr.12231

Ortega, A., Brenner, S., & Leather, P. (2007). Occupational stress, coping and personality in the police: An SEM study. *International Journal of Police Science & Management*, 9, 36-50.

Osgood, C. E. (1962). *An alternative to war or surrender*. Urbana, IL: University of Illinois Press.

Paillé, P., Bourdeau, L., & Galois, I. (2010). Support, trust, satisfaction, intent to leave and citizenship at organizational level: A social exchange approach. *International Journal of Organizational Analysis*, 18, 41-45. doi:http://dx.doi.org/10.1108/19348831011033203

Papadopoulos, S., & Brennan, L. (2015). Correlates of weight stigma in adults with overweight and obesity: A systematic literature review. *Obesity*, 23(9), 1743-1760. doi:http://dx.doi.org/10.1002/oby.21187

Perrin, A. J., & Smolek, S. (2009). Who trusts? Race, gender and the September 11 rally effect among young adults. *Social Science Research*, 38(1), 134–145. doi:10.1016/j.ssresearch.2008.09.001

Peterson, C. C., Peterson, J. L., & Seeto, D. (1983). Developmental changes in ideas about lying *Child Development*, 54, 1529–1535. doi:10.1111/1467–8624.ep12418537

Pettigrew, T. F. (1998). Intergroup contact theory. *Annual Review of Psychology*, 49(1), 65–85.

Piaget, J. (1965). *The moral judgment of the child* (M. Gabain, Trans.). Glencoe, IL: Free Press. (Original work published 1932)

Pilgrim, D., Tomasini, F., & Vassilev, I. (2010). *Examining trust in healthcare: A multidisciplinary perspective*. London: Palgrave Macmillan.

Porter, L. E., & Warrender, C. (2009). A multivariate model of police deviance: Examining the nature of corruption, crime, and misconduct. *Policing & Society*, 19, 79–99.

Prall, D. (2014, December 22). Americans' trust in police average for developed countries. *American City & County Exclusive Insight*. Retrieved from http://americancityandcounty.com/law–enforcement/americans–trust–policeaverage–developed–countries

Qualter, P., Brown, S. L., Rotenberg, K. J., Vanhalst, J., Harris, R. A., Goossens, L., Bangee, M., & Munn, P. (2013). Trajectories of loneliness during childhood and adolescence: Predictors and health outcomes. *Journal of Adolescence: Special Issue on Loneliness*, 36, 1283–1293. doi:http://dx.doi.org/10.1016/j.adolescence.2013.01.005

Reifman, A., Villa, L. C., Amans, J. A., Rethinam, V., & Telesca, T. Y. (2001). Children of divorce in the 1990s: A meta-analysis. *Journal of Divorce and Remarriage*, 36, 27–36. doi:http://dx.doi.org/10.1300/

J087v36n01_02

Rempel, J. K., Holmes, J. G., & Zanna, M. P. (1985). Trust in close relationships. *Journal of Personality and Social Psychology*, 49(1), 95–112.

Rempel, J. K., Ross, M., & Holmes, J. G. (2001). Trust and communicated attributions in close relationships. *Journal of Personality & Social Psychology*, 81(1), 57–64. doi:10.1037//0022-3514.81.1.57.

Rosmarin, D. H., Krumrei, E. J., & Andersson, G. (2009). Religion as a predictor of psychological distress in two religious communities. *Cognitive Behaviour Therapy*, 38, 54–64. doi:10.1080/16506070802477222

Rosmarin, D. H., Pargament, K. I., & Mahoney, A. (2009). The role of religiousness in anxiety, depression and happiness in a Jewish community sample: A preliminary investigation. *Mental Health Religion and Culture*, 12(2), 97–113. doi:10.1080/13674670802321933

Rosmarin, D. H., Pargament, K. I., Pirutinsky, S., & Mahoney, A. (2010). A randomized controlled evaluation of a spiritually integrated treatment for subclinical anxiety in the Jewish community, delivered via the Internet. *Journal of Anxiety Disorders*, 24(7), 799–808. doi:10.1016/j.janxdis.2010.05.014

Rosmarin, D. H., Pargament, K. I., & Robb, H. (2010). Introduction to special series: Spiritual and religious issues in behavior change. *Cognitive and Behavioral Practice*, 17(4), 343–347. doi:http://dx.doi.org/10.1016/j.cbpra.2009.02.007

Rosmarin, D. H., Pirutinsky, S., & Pargament, K. I. (2011). A brief measure of core religious beliefs for use in psychiatric settings.

International Journal of Psychiatry in Medicine, 41 (3), 253–261. doi:http://dx.doi.org/10.2190/PM.41.3.d

Rostila, M. (2010). The facets of social capital. *Journal for the Theory of Social Behaviour*, 41 (3), 307–327.

Rotenberg, K. J. (1991). Children's cue use and strategies for detecting deception. In K. J. Rotenberg (Ed.), *Children's interpersonal trust: Sensitivity to lying, deception and promise violations* (pp. 43–57). New York: Springer–Verlag.

Rotenberg, K. J. (1995). The socialisation of trust: Parents' and children's interpersonal trust. *International Journal of Behavioral Development*, 18, 713–726.

Rotenberg, K. J. (2010). The conceptualization of interpersonal trust: A basis, domain, and target framework. In K. J. Rotenberg (Ed.), *Interpersonal trust during childhood and adolescence* (pp. 8–27). New York: Cambridge University Press.

Rotenberg, K. J. (2015). Trust across the life–span. In N. J. Smelser & P. B. Baltes (Eds.), *International encyclopedia of the social & behavioral sciences* (pp. 866–868). New York: Pergamon.

Rotenberg, K. J. (2016, June 13). The EU referendum: It is a matter of trust. *Conversations*.

Rotenberg, K. J., Addis, N., Betts, L. R., Fox, C., Hobson, Z., Rennison, S., Trueman, M., & Boulton, M. J. (2010). The relation between trust beliefs and loneliness during early childhood, middle childhood and adulthood. *Personality and Psychosocial Psychology Bulletin*, 36, 1086–1100. doi:http://dx.doi.org/10.1177/0146167210374957

Rotenberg, K. J., Betts, L. R., Eisner, M., & Ribeaud, D. (2012). Social antecedents of children's trustworthiness. *Infant and Child Development*, 21, 310–322. doi:10.1002/icd.751

Rotenberg, K. J., Bharathi, C., Davies, H., & Finch, T. (2013). Bulimic symptoms and the social withdrawal syndrome. *Eating Behaviors*, 14(3), 281-284. doi:http://dx.doi.org/10.1016/j.eatbeh.2013.05.003

Rotenberg, K. J., Bharathi, C., Davies, H., & Finch, T. (2017). Obesity and the social withdrawal syndrome. *Eating Behaviors*, 26, 167-170. doi: org/10.1016/j.eatbeh.2017.03.006

Rotenberg, K. J., & Bierbrauer, T. (in preparation). Development of a new trust in politicians scale: Its relationship with Voting in the UK.

Rotenberg, K. J., Boulton, M. J., & Fox, C. (2005). Cross-sectional and longitudinal relations among trust beliefs, psychological maladjustment, and psychosocial relationships, during childhood: Are very high as well as very low trusting children at risk? *Journal of Abnormal Child Psychology*, 33, 595-610. doi:http://dx.doi.org/10.1007/s10802-005-6740-9

Rotenberg, K. J., & Cerda, C. (1994). Racially based trust expectancies of Native American and Caucasian children. *Journal of Social Psychology*, 134, 621-631.

Rotenberg, K. J., Cunningham, J., Hayton, N., Hutson, L., Jones, L., Marks, C. Woods, E., & Betts, L. R. (2008). Development of a children's trust in general physicians scale. *Child: Health, Care and Development*, 34, 748-756. doi:10.1111/j.1365-2214.2008.00872.x

Rotenberg, K. J., Fox, C., Green, S., Ruderman, L., Slater, K., Stevens, K., & Carlo, G. (2005). Construction and validation of a children's interpersonal trust belief scale. *British Journal of Developmental Psychology*, 23, 271-292. doi:10.1348/026151005X26192

Rotenberg, K. J., Harrison, A., & Reeves, C. (2016). The relations between police officers' personal trust beliefs in the police and their

workplace adjustment. *Policing and Society*, 26, 627–641. doi:10.108
0/10439463.2014.1000324.

Rotenberg, K. J., Petrocchi, S., Lecciso, F., & Marchetti, A. (2013).
Children's trust beliefs and trusting behavior. *Child Development
Research*, Article ID 806597, 8 pages.

Rotenberg, K. J., Qualter, P., Barrett, L., & Henzi, P. (2014). When trust
fails: Children's trust beliefs in peers and peer interactions in a
natural setting. *Journal of Abnormal Child Psychology*, 42, 967–980.
doi:http://dx.doi.org/10.1007/s10802-013-9835-8

Rotenberg, K. J., & Sangha, R. (2015). Bulimic symptoms and social
withdrawal during early adolescence. *Eating Behaviors*, 19, 177–180.
doi:http://dx.doi.org/10.1016/j.eatbeh.2015.09.008

Rotenberg, K. J., Woods, E., & Betts, L. R. (2015). Development of a
scale to assess children's trust in general nurses. *Journal of Specialists
in Pediatric Nursing*, 20(4), 298–303. doi:10.1111/jspn.12126

Rotter, J. B. (1967). A new scale for the measurement of interpersonal
trust. *Journal of Personality*, 35, 651–665.

Rotter, J. B. (1980). Interpersonal trust, trustworthiness and gullibility.
American Psychologist, 35, 1–7. doi:http://dx.doi.org/10.1037/0003-
066X.35.1.1

Saha, S., Jacobs, E. A., Moore, R. D., & Beach, M. C. (2010). Trust in
physicians and racial disparities in HIV care. *AIDS Patient Care and
STDs*, 24(7), 415–420. doi:10.1089/apc.2009.0288

Schiffman, L., Thelen, S. T., & Sherman, E. (2010). Interpersonal and
political trust: Modeling levels of citizens' trust. *European Journal of
Marketing*, 44(3/4), 369–381.doi:10.1108/03090561011020471

Schneider, B. H., Atkinson, L., & Tardif, C. (2001). Child – parent
attachment and children's peer relations: A quantitative review.

Developmental Psychology, 37(1), 86-100. doi:http://dx.doi.org/
10.1037/0012-1649.37.1.86

Schneider, I. K., Konijn, E. A., Righetti, F., & Rusbult, C. E. (2011). A
healthy dose of trust: The relationship between interpersonal trust
and health. *Personal Relationships*, 18(4), 668-676. doi:10.1111/
j.1475-6811.2010.01338.x

Schoorman, F. D., Mayer, R. C., & Davis, J. H. (2007). An integrative
model of organizational trust: Past, present, and future. *The Academy
of Management Review*, 32(2), 344-354. doi:http://dx.doi.org/10.2307/
20159304

Semukhina, O., & Reynolds, K. M. (2014). Russian citizens' perceptions
of corruption and trust of the police. *Policing & Society*, 24(2),
158-188. doi:10.1080/10439463.2013.784290

Serota, K. B., Levine, T. R., & Boster, F. J. (2010). The prevalence of lying
in America: Three studies of self-reported lies. *Human Communication
Research*, 36, 2-25. doi:10.1111/j.1468-2958.2009.01366.x

Shackelford, T. K., Buss, D. M., & Bennett, K. (2002). Forgiveness or
breakup: Sex differences in responses to a partner's infidelity.
Cognition & Emotion, 16(2), 299-307. doi:10.1080/
02699930143000202

Shallcross, S. I., & Simpson, J. (2012). Trust and responsiveness in
strain-test situations: A dyadic process. *Journal of Personality and
Social Psychology*, 102(5),1031-1044. doi:10.1037/a0026829

Shiri, E., & Bruce, M. H. (2008). Tell-tale eyes: Children's attribution of
gaze aversion as a lying cue. *Developmental Psychology*, 44(6),
1655-1667. doi:10.1037/a0013299

Sholihin, M., & Pike, R. (2010). Organisational commitment in the
police service: Exploring the effects of performance measures,

procedural justice and interpersonal trust. *Financial Accountability & Management*, 26, 392–342.

Skocpol, T. (2002). Will 9/11 and the war on terror revitalize American civic democracy. *PS: Political Science and Politics*, 35, 537–540.

Slack, J. (2016, October 6). *Britain 'is suffering a huge loss of faith in its institutions'*. Retrieved November 4, 2016, from www.dailymail.co.uk/news/article–2296085. (Originally PUBLISHED: 00:26, March 20, 2013 | UPDATED: 07:42, March 20, 2013.)

Smith, B., & Steel, C. (2009). 'Suspicion is my friend': Cognitive behavioural therapy for post–traumatic persecutory delusions. In N. Grey (Ed.), A *casebook of cognitive therapy for traumatic stress reactions* (pp. 61–77). New York: Routledge/Taylor & Francis Group.

Stice, E., Marti, N., & Rohde, P. (2013). Prevalence, incidence, impairment, and course of the proposed DSM–5 eating disorder diagnoses in an 8–year prospective community study of young women. *Journal of Abnormal Psychology*, 122(2), 445–457. doi:http://dx.doi.org/10.1037/a0030679

Sun, Y., & Li, Y. (2002). Children's well–being during parents' marital disruption process: A pooled time–series analysis. *Journal of Marriage and Family*, 64, 472–488.

Sunshine, J., & Tyler, T. R. (2003). The role of procedural justice and legitimacy in shaping public support for policing. *Law and Society Review*, 17, 513–547.

Swami, V., Chamorro–Premuzic, T., & Furnham, A. (2010). Unanswered questions: A preliminary investigation of personality and individual difference predictors of 9/11 conspiracist beliefs. *Applied Cognitive Psychology*, 24(6), 749–761. doi:10.1002/acp.1583

Tajfel, H. (1981). *Human groups and social categories: Studies in social psychology*. Cambridge, MA: Cambridge University Press.

Talwar, V., & Crossman, A. (2011). From little white lies to filthy liars: The evolution of honesty and deception in young children. *Advances in Child Development & Behavior*, 40, 139–179.

Talwar, V., & Lee, K. (2008). Social and cognitive correlates of children's lying behavior. *Child Development*, 79(4), 866–888. doi:10.1111/j.1467-8624.2008.01164.x

Tam, T., Hewstone, M., Kenworthy, J., & Cairns, E. (2009). Intergroup trust in Northern Ireland. *Personality & Social Psychology Bulletin*, 35(1), 45–59. doi:http://dx.doi.org/10.1177/0146167208325004

Tan, H. H., & Lim, A. H. (2009). Trust in coworkers and trust in organizations. *The Journal of Psychology*, 143(1), 45–66.

Thom, D. H., Kravitz, R. L., Bell, R. A., Krupat, E., & Azari, R. (2002). Patient trust in the physician: Relationship to patient requests. *Family Practice*, 19(5), 476–483.

Thom, D. H., Ribisl, K. M., Stewart, A. L., Luke, D. A., & The Stanford Trust Study Physicians. (1999). Further validation and reliability testing of the trust in physician scale. *Medical Care*, 37(5), 510–517.

Thompson, M., & Kahn, K. B. (2016). Mental health, race, and police contact: Intersections of risk and trust in the police. *Policing: An International Journal*, 39(4), 807–819. doi:10.1108/PIJPSM-02-2016-0015

Thorne, B. (2007). Person-centred therapy. In W. Dryden (Ed.), *Dryden's handbook of individual therapy* (5th ed., pp. 144–172). Thousand Oaks, CA: Sage Publications.

Trinkner, R., Tyler, T. R., & Goff, P. A. (2016). Justice from within: The relations between a procedurally just organizational climate and police organizational efficiency, endorsement of democratic policing, and officer wellbeing. *Psychology, Public Policy, and Law, 22*(2), 158–172. doi:10.1177/1748895814566288

Turner, J. C., Hogg, M. A., Oakes, P. J., Reicher, S. D., & Wetherell, M. S. (1987). *Rediscovering the social group: A self-categorization theory.* Cambridge, MA: Basil Blackwell.

Turner, R. H., Hewstone, M., Swart, H., Tam, T., Myers, E., & Tausch, N. (2010). Promoting intergroup trust among adolescents and among adults. In K. J. Rotenberg (Ed.), *Interpersonal trust during childhood and adolescence* (pp. 295–321). Cambridge: Cambridge University Press.

Turner, R. N., Tam, T., Hewstone, M., Kenworthy, J., & Cairns, E. (2013). Contact between Catholic and Protestant schoolchildren in Northern Ireland. *Journal of Applied Social Psychology, 43*(Suppl 2), E216–E228. doi:http://dx.doi.org/10.1111/jasp.12018

Tyler, T. R. (2001). Public trust and confidence in legal authorities: What do majority and minority group members want from the law and legal institutions? *Behavioral Sciences & the Law, 19*(2), 215–235. doi:http://dx.doi.org/10.1002/bsl.438

Tyler, T. R. (2015). Why trust matters with juveniles. *American Journal of Orthopsychiatry, 85*(6, Suppl), Special Issue: Finding Meaning in Community: Trust in and by Young People, 93–9.

Tyler, T. R., & Huo, Y. J. (2002). *Trust in the law: Encouraging public cooperation with the police and courts.* New York: Russell Sage Foundation.

Uslander, E. M. (2002). *The moral foundations of trust.* Cambridge: Cambridge University Press.

Video of Black Man Shoot by Police. (2016). Retrieved November 7,

2016, from www. theguardian.com/us-news/2016/jul/07/facebook-
live-video-appearsto-show-black-man-shot-police-minnesota-
philando-castile; *Washington Post*, www.washingtonpost.com/
graphics/national/police-shootings-2016/

Voci, A. (2006). The link between identification and in-group
favouritism: Effects of threat to social identity and trust-related
emotions. *British Journal of Social Psychology*, 45(2), 265-284.
doi:10.1348/014466605X52245

Walia, A. (2015, May 23). Editor in chief of world's best known medical
journal: Half of all the literature is false. *Global Research*. Retrieved
from www.globalresearch.ca /5451305.

Ward, P. R., Mamerow, L., & Meyer, S. B. (2014). Interpersonal trust
across six Asia-pacific countries: Testing and extending the 'High
Trust Society' and 'Low Trust Society' theory. *Plos One*, 9(4),1-17.
doi: 10.1371/journal.pone.0095555

Warneken, F., & Orlins, E. (2015). Children tell white lies to make others
feel better. *British Journal of Developmental Psychology*, 33(3),
259-270. doi:10.1111/bjdp.12083.

Warren, M. E. (Ed.). (1999). *Democracy and trust*. New York and
Cambridge: Cambridge University Press.

Warren, M. E. (2004). What does corruption mean in a democracy?
American Journal of Political Science, 48(2), 328-343.

Waters, E., & Deane, K. (1985). Defining and assessing individual
differences in attachment relationships: Q-methodology and
organization of behavior in infancy and early childhood. *Monographs
of the Society for Research in Child Development*, 50(1/2), 41-65.

Westermarland, L. (2005). Police ethics and integrity: Breaking the blue
code of silence. *Policing & Society*, 15, 145-165.

Williams, K. (2010). Police violence, resistance, crisis of legitmacy: Politics of Killer Cops and Cop Killers. *Against the Current*, 25-29.

Woods, J. (2011). The 9/11 effect: Toward a social science of the terrorist threat. *The Social Science Journal*, 48(1), 1-21.

Xu, F. Bao, X., Fu, G., Bao, X., Fu. G., Talwar, V., & Lee, K. (2010). Lying and truthtelling in children: from concept to action. *Child Development*, 81(2): 581-596. http://dx.doi.org/10.1111/j.1467-8624.2009.01417.x

Yan, L. L., Daviglus, M. L., Liu, K., Pirzada, A., Garside, D. B., Schiffer, L., Dyer, A. R., & Greenland, P. (2004). BMI and health-related quality of life in adults 65 years and older. *Obesity Research*, 12(1), 69-76.

Zizumbo-Colunga, D., Zechmeister, E. J., & Seligso, M. A. (2010). Social capital and economic Crisis in the United States. *Americas Barometer Insights*, No. 43, Vanderbilt University. Retrieved from www.vanderbilt.edu/lapop/insights/I0843en.pdf